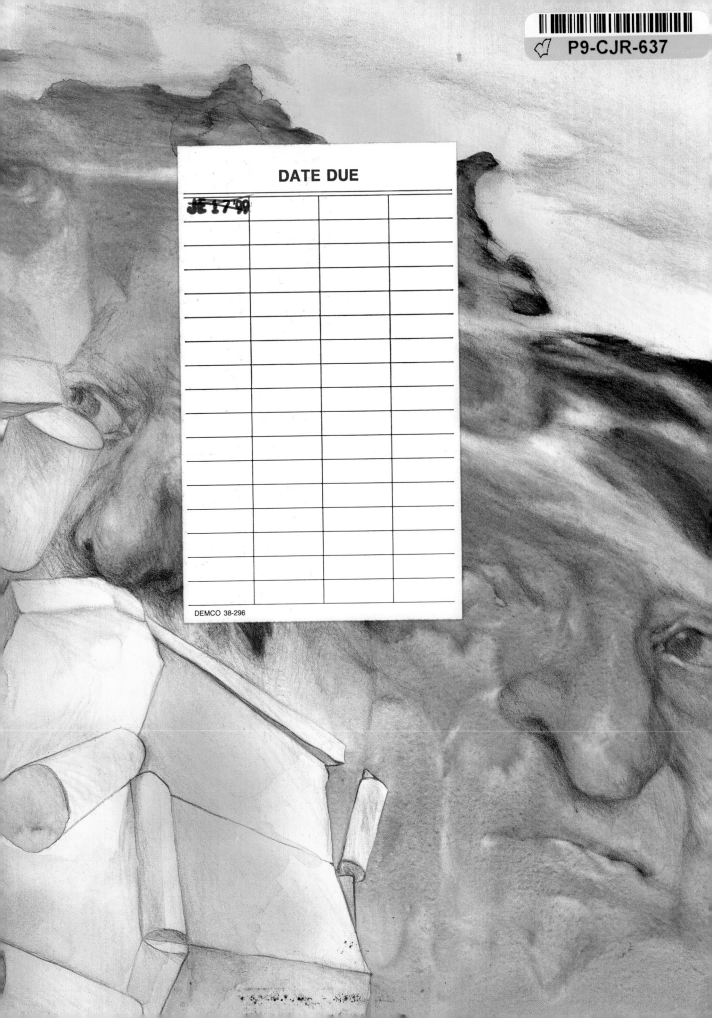

# MITOS,
# HEROES Y MONSTRUOS
## de la
## ESPAÑA ANTIGUA

# MITOS, HEROES Y MONSTRUOS
## de la
## ESPAÑA ANTIGUA

Textos de
POLLUX HERNUÑEZ

Ilustraciones de
EUSEBIO SANBLANCO
y
M.ª TERESA SARTO

## ANAYA

*Para Uriel y Nausica*

Fuenlabrada (Madrid)
Printed in Spain

# Contenido

11   Mitos, héroes, monstruos...

13   Gritón

20   La Atlántida

27   Gárgoris y Habis

36   Los últimos reyes de Tartesos
     37 Ferocio - 41 Argantonio

45   Contra Cartago
     47 La estratagema de los ilicitanos - 52 El asesino
     de Asdrúbal - 57 Las mujeres de Helmántica

64   Ciudades heroicas
     65 La destrucción de Sagunto - 70 Los suicidas de
     Astapa - 75 El cerco de Numancia - 81 Los
     caníbales de Calagurris

87   Contra Roma
     88 Indíbil y Mandonio - 93 Viriato - 98 La cierva
     de Sertorio - 104 Los cántabros - 109 El rebelde
     de Termes

113  Seres extraordinarios
     114 La ciudad de los nictálopes - 115 Favonio -
     118 Los caballos celtíberos - 119 El pulpo gigan-
     te - 122 El árbol marino - 123 El tritón y la
     nereida

127  Viaje alrededor de Africa
     128 Relato de un viajero

140  Los primeros milagros
     141 El cadáver de Santiago - 144 Los siete
     varones apostólicos

MARE CANTABRICVM

GALLIA

ARACELIO

BERGIDA

IRIA FLAVIA
R. MINIVS

MEDVLIVS
MONS

VINDIVS
MONS

CALAGVRRIS

OSCA

ILERDA

OCCIDENTALIS

LVTIA

NVMANTIA

R. HIBERVS

TARRACO

ARBACALA

OCEANVS

R. DVRIVS

HELMANTICA

CAVCA

TERMES

SAGVNTVM

R. TAGVS

R. SVCRO

MARE

AKRA LEVKE

R. ANAS

ILICI

BALEARICVM

R. TADER

CORDVBA (TARTESOS)

TVCCI

CARCESA

R. BETIS

HISPALIS

ACCI

ILIBERRIS

ABVLA

MAINAKE

VERGI

VRCI

TRIBOLA

CARTEIA

MARE IBERICVM

**IBERIA**

TINGIS

AFRICA

# Mitos, héroes, monstruos...

Mitos, héroes, monstruos... Si hay algo divino en el hombre, es la imaginación, ese poder mágico de crear, de transformar, de corregir una realidad que se empeña en ser siempre distinta de la imagen que de ella dan los sentidos.

Mitos, héroes, monstruos... Si hay algo humano en el hombre, es la curiosidad, ese insaciable deseo de conocer, de creer, de estremecerse, en un mundo que cree tener respuesta a todos los enigmas, diferencias y temores.

Imaginación y curiosidad, principio y fin de este libro. Libro de mitos. Reales o ficticios. Libro de lo fantástico, de lo sobrehumano, de lo heroico, de lo admirable, de lo asombroso, de lo imposible, incluso de lo falso. Porque, a fin de cuentas, como dice J. L. Moreno, padre del psicodrama, «la ilusión de una realidad vale tanto como la realidad de una ilusión».

¿Qué diferencia hay, en efecto, para nosotros, lectores, entre Gritón (pág. 13) y Viriato (pág. 93)? El historiador nos dirá que el primero nunca existió, que es una fábula, pues nunca han existido hombres de tres cabezas, mientras que la existencia de Viriato la atestiguan numerosos documentos. Y si ningún documento histórico nos hablara de Viriato, ¿podríamos decir que existió? ¿No es el Cid que conocemos más real que el que le dio nombre? Y, ¿cuántos hombres ha habido más reales que don Quijote? Para el lector de hoy, Viriato es tan mítico como Gritón.

Por eso reunimos aquí, junto a relatos eminentemente fantásticos, otros protagonizados por hombres de carne y hueso. Lo que se ha tenido en cuenta no es su procedencia o *status* en el mundo de lo perceptible, sino lo que en común tienen de extraordinario, de fabuloso, de mítico. Pues hay hechos fabulosos tan verosímiles que podrían darse en la realidad, y hechos históricos que pudieran muy bien inscribirse en el ámbito de lo mítico.

Pero hay algo más: por muy fantástico que parezca, el mito no surge gratuitamente de la nada, pues la imaginación no es una *tabula rasa*, mientras que el hecho histórico extraordinario nunca se narra sin emoción. En los dos se deja ver la mano de lo poético, del arte de elaborar o embellecer lo que se cuenta. El Gritón de la fábula se ha construido sobre una realidad histórica, mientras que el Viriato de los historiadores muestra evidentes trazos de idealización, de mitificación. En definitiva todo es literatura: mito e historia no son sino dos formas, más alegórica e hiperbólica la una, menos espontánea e ingenua la otra, de expresar la realidad.

La realidad a la que se refieren los relatos contenidos en este volumen es la del indefinible periodo conocido como «España antigua», es decir, desde las primeras noticias que se tienen sobre la Península hasta el final de la Antigüedad clásica, cuando el peso del cristianismo empieza a dejarse sentir. Prácticamente todas las regiones están representadas, aunque más el sur, sobre todo en lo puramente mítico, que ha prosperado allí más que lo heroico, sin duda porque el comercio y no la guerra eran la base de la cultura, mientras que en el interior las tradiciones reflejan una cultura más conformada por la guerra, una guerra prácticamente continua contra los invasores extranjeros. En todo caso, los relatos aquí recogidos no representan sino una mínima muestra de la riquísima tradición mítico-heroica de las culturas peninsulares, que sabemos remonta a la más remota antigüedad.

Según los antropólogos e historiadores modernos, el mito aparece hace seis mil años, en el Neolítico, cuando el hombre cazador se sedentariza, se hace agricultor, habita en grupos urbanos, inicia el culto a los muertos. Pero Estrabón cuenta que Tartesos, el reino más antiguo de la Península Ibérica, poseía una tradición literaria (crónicas históricas, poemas, códigos) que tendría ahora ocho mil años de antigüedad. Evidentemente vale más creer la tradición antigua que las elucubraciones de la especulación moderna. El mito es tan antiguo como el hombre. Y héroes los ha habido siempre (sobre todo entre los cazadores).

En el caso de Iberia, desde los tiempos más remotos, su situación geográfica y sus recursos naturales propiciaron, dentro y fuera, el culto y desarrollo de lo fabuloso. Los egipcios creían que sus muertos viajaban hacia occidente, y el resto de los pueblos orientales situaba el más allá temporal en el más allá geográfico, en los confines del mundo conocido, en la región adonde se retiraba el padre Sol, en el ocaso. Naturalmente, una tierra cercana a la morada de los dioses tenía que beneficiarse de algún modo de tal proximidad: de ahí el mito del país de las Hespérides, de la Atlántida, de las Islas Afortunadas, tierras todas de fabulosas riquezas, clima agradable y paz secular. Y el mito —como siempre— respondía a una realidad: la Península abundaba en metales preciosos, en ganados y bosques, y sus habitantes gozaban de una longe-

vidad proverbial. De ahí el continuo trasegar de comerciantes y aventureros durante un milenio hacia el rico país de occidente, del que se contaban historias extraordinarias en todos los rincones del mundo conocido. Los grandes héroes orientales, como Hércules y Perseo, tienen que venir a hacer méritos, a medirse con los gigantes y monstruos de occidente. Y, luego, en el periodo histórico, fenicios, griegos, cartagineses y romanos vendrán a explotar sus inagotables riquezas.

Pero la leyenda no se escribía sólo desde fuera. La cultura de al menos una parte de Iberia, Tartesos, se reflejaba en esa literatura de que habla Estrabón. Desgraciadamente muy poco de aquellas tradiciones tartésicas ha llegado hasta nosotros. Un historiador romano contemporáneo de Estrabón, Trogo Pompeyo, escribió una voluminosa *Historia universal* en la que recogía abundante información sobre las tradiciones y costumbres de los primitivos pueblos de España, pero de todo ello apenas se conservan, en un compilador posterior, dos páginas sobre los más antiguos mitos de Tartesos (Gritón, y Gárgoris y Habis).

Para saber más hay que recurrir a la tradición externa (como la alegoría platónica de la Atlántida) o esperar que pasen los siglos, que los acontecimientos históricos se precipiten y que la Península se transforme en campo de batalla, que sus habitantes se resistan a la ocupación y conquista, primero cartaginesa, romana después, y surja el héroe, un héroe siempre trágico, un hombre que se rebela contra el invasor, que lucha por una libertad muy concreta, la de vivir en su país sin someterse a nadie, pero que muere siempre sin conseguirla, sea por traición (Viriato, Sertorio) o porque prefiere la muerte antes que el vasallaje (Sagunto, Numancia).

Cuando los dos siglos de guerras de conquista terminan, los múltiples pueblos y tribus de la Península se encuentran por primera vez dentro del mismo sistema político-administrativo, el imperio romano. Y dentro de la *pax Romana* no se admiten héroes. Para eso está el emperador. O la historia, y la literatura, y la religión. Pero, profundamente, la vena de lo fabuloso, mezcla de tantas culturas que vinieron a llevar pero trajeron, seguirá fluyendo en aquella tierra de occidente, que continuará creando y creyendo en mitos, héroes, monstruos...

# Gritón

El Mar. En el principio fue el Mar. Un mar infinito, azulísimo, silencioso, sin olas, casi siniestro. Padre de todo, arropando a la Tierra en su seno, el Mar la fecundó una noche larguísima, una noche de millones de siglos. Luego, cansado, se hundió en su regazo. La Tierra sintió en la frente la luz cálida del sol y, retirando el manto azul que la cubría, se irguió, y bostezó, y respiró. Y la vida que llevaba dentro brotó por doquier. El silencio eterno se rompió. Y la Tierra se llenó del ruido de las olas, del cantar de las fuentes, del trino de los pájaros, del rugir de la tormenta, del balido de los corderos, del relinchar de los caballos, del vagido del primer niño.

Uno de los primeros niños fue Gritón —que así lo llamaron por lo mucho que gritó al nacer—, hijo de Espadoro y Fuentermosa, nieto del Mar y de la gorgona Medusa. Medusa, hija también del Mar, era un ser poderosísimo temido en todo el Mediterráneo porque con sólo una mirada transformaba en piedra a sus enemigos. Habitaba en el sur de Iberia y allí fue derrotada por el héroe griego Perseo, que consiguió de un tajo cortarle la cabeza. De la sangre que brotó de su cuello nacieron al instante el caballo alado Pegaso y Espadoro. Pegaso renegó de su sangre y se fue volando al país de Perseo. En su huida, al sobrevolar las últimas montañas de la Península, las que rodean a la actual ciudad de Benidorm, dio una patada de despecho en la cumbre y arrancó un trozo enorme de la peña, que fue a caer al mar. Aún hoy se pueden ver el grandísimo hueco que dejara el casco en la roca, y el descomunal peñasco, que forma la isla de los Pavos Reales frente a Benidorm.

Pero Espadoro (en griego Crisaor), se quedó y, como indica su nombre, fue un rey valeroso y riquísimo, el primer rey del primer reino que hubo en la Península Ibérica: Tartesos. Tartesos llegó a ocupar un día la mayor parte de lo que hoy es Andalucía, pero al principio sólo comprendía las tres grandes islas que formaban antiguamente el delta del río Tartesos, que hoy llamamos Guadalquivir. Una vez que hubo fundado su reino, Espadoro casó con Fuentermosa (Calirroe para los griegos), nombre que le convenía perfectamente, no sólo por parte de su progenitor, el Mar, padre de todas las aguas, sino también por ser reina de un país bañado por un río que arrastraba pepitas de oro entre sus aguas. Además se dice que subió a alumbrar a su hijo en los manantiales mismos del río.

Cuando nació Gritón (Gerión en griego) sus padres se asustaron, pues no era un niño como los demás: tenía, sí, dos pies, dos piernas y un abdomen, como todo el mundo, pero de la cintura para arriba era algo fuera de lo común, pues todos sus miembros aparecían por triplicado: tres torsos, tres cabezas, tres narices y, por supuesto, seis brazos, seis manos y seis orejas. Y además tenía alas.

Ante tal prodigio, creyó Espadoro que se trataba de una maldición de los dioses y pensó que lo mejor que podía hacer era deshacerse de tal monstruo arrojándolo al mar. Así se lo dijo a la Reina:

—Comprended que no podemos anunciar a nuestros súbditos que la reina ha dado a luz una criatura semejante, que el príncipe heredero, su futuro rey, es un monstruo.

Y la reina, ahogada en sollozos, replicó:

—Es culpa mía, Espadoro, es culpa mía, lo confieso. Cada noche, durante estos últimos meses, he pedido a los dioses que nos dieran trillizos para que cada uno heredara una de las tres islas del reino. Pero, sin duda, los dioses se han opuesto a tal deseo y, por eso,

me han enviado este castigo. Es culpa mía, es culpa mía...

Calmó Espadoro a la reina, quedóse un rato pensativo y luego mandó llamar a su adivino, un viejo poeta de barba plateada y espesísima que le envolvía el cuerpo entero. Vio el adivino a Gritón, escuchó las razones de sus padres, cerró los ojos, bebió un sorbo de una calabacilla de oro que traía bajo la barba, recogióse y, con voz de trueno, dijo al cabo:

*Uno vale más que tres,*
*pero tres valen más que uno;*
*lo mejor es tener uno*
*siempre y cuando sean tres.*

Luego el buen viejo se explicó así:

—Los dioses saben bien lo que se hacen. Al principio pensaron acceder a las peticiones de la reina, pero a última hora se dieron cuenta de que podría surgir la discordia entre los tres hermanos y el reino desmembrarse, de modo que decidieron que era mejor que un mismo cuerpo sostenga los tres corazones y los tres cerebros, pues, perteneciendo todos a la mis-

ma persona, no cabrán disensiones entre ellos, o, si las hubiere, no podrán pasar de un simple dolor de cabeza. Y han añadido las alas porque comprenden que convenía aligerar un poco el peso de tres cuerpos sobre sólo dos piernas.

Reconfortaron estas palabras a Espadoro, que se sintió halagado de merecer el favor divino y, lejos de deshacerse de su hijo, resolvió hacer de él un gran rey. Pronto vio que esto no requería ningún esfuerzo especial, pues Gritón reunía todas las cualidades físicas y mentales que definen al soberano ideal. Era un verdadero superhombre. Su talla era de gigante y en las competiciones deportivas siempre era él el campeón. Si se trataba de natación, ningún joven del reino podía aventajarlo, pues sus seis manos rasgaban el agua como aletas de delfín y en un abrir y cerrar de ojos atravesaba las Columnas de Briareo (que así se llamaba entonces, como veremos más adelante, el estrecho de Gibraltar). Si se trataba de correr, estiraba Gritón las cuatro partes de su cuerpo hasta formar una cruz, se echaba a rodar de lado y giraba como un torbellino

por valles y montañas dejando atrás a las mismísimas gacelas. Y no digamos nada si alguien se atrevía a medirse con sus puños: los golpes caían rápidos y cerrados como enormes balas de granizo.

Era más inteligente y astuto que la mayoría de los mortales, pues sus sensaciones eran triples y sus tres cerebros funcionaban al unísono. Todo lo que pasaba a su alrededor lo veía sin necesidad de darse la vuelta. Una parte de su cuerpo podía mantener una conversación mientras la otra comía y la tercera dormía. Pero Gritón nunca dormía del todo. Incluso cuando se acostaba siempre había una de las cabezas que se mantenía despierta. El viejo adivino estaba asombrado de los talentos del príncipe, pues en poco tiempo pudo enseñarle todo lo que él había aprendido en una larguísima vida dedicada al estudio y a la reflexión. La cabeza derecha de Gritón estaba dedicada únicamente a retener lo que podríamos hoy llamar literatura, es decir, las epopeyas que el viejo poeta había compuesto sobre el origen del mundo y del reino, sobre el espíritu del hombre, el amor, el odio, etc. La izquierda albergaba los conocimientos científicos: la astronomía, la geografía, el arte de navegar, la ingeniería, la agricultura y en general todo lo que responde a las leyes de la lógica. La cabeza del medio regía y coordinaba lo de las otras dos y se ocupaba de tomar decisiones, de distinguir entre lo bueno y lo malo, de actuar según las circunstancias de cada momento.

Con todas estas prendas de cuerpo y espíritu, sí que puede decirse que Gritón era un verdadero monstruo. Pero un monstruo humano, al fin y al cabo.

Un día su padre lo llevó a la guerra, pero no tuvo necesidad de desplegar sus tropas. Capaz de disparar tres flechas a la vez, de lanzar tres jabalinas al mismo tiempo, de batirse con seis espadas en cuerpo a cuerpo, Gritón sembró el pánico entre las filas enemigas, que se dispersaron en cuanto lo vieron. Entonces Gritón sobrevoló la montaña donde se habían escondido, agarró un nubarrón gigantesco que por allí flotaba y, retorciéndolo con sus poderosas manos, dejó caer un torrente de lluvia que casi ahoga a aquellos cobardes.

Pero Gritón era hombre pacífico y no tenía ambiciones de conquista, de modo que, cuando heredó la corona de su padre, se dedicó a lo que él consideraba el sagrado deber de todo buen rey: ocuparse de su reino personalmente, cultivar la tierra con sus manos, mejorarla, mimarla a ella y a sus ganados según el ritmo de las estaciones y para el bien de sus súbditos. Construyó canales entre los diferentes brazos del Tartesos para que el agua regara las tierras y para que los barcos llegaran a todas las ciudades y pueblos del interior de las islas. Sembró todos los campos, plantó olivos y viñas, de la tierra baldía hizo prados donde pacían ovejas de lana dorada y vacas de leche espesa, y lo rodeó todo con cenefas de blancos asfódelos. Su reino parecía un jardín.

Tartesos prosperó, su fama y la de su rey invencible pero benévolo se extendió por todos los países del Mediterráneo. De todas partes llegaban naves de comercio para comprar oro del río Tartesos, vino y aceite, lana y pieles. Las vacas lozanas y lustrosas de Gritón eran de una exuberancia proverbial y, según un historiador antiguo, su leche era tan fuerte que había que aguarla para poder hacer queso de ella. Pero he aquí que a causa de estas vacas Tartesos perdió a su rey, pues la envidia y la insolencia se aliaron para acabar con Gritón.

Acaeció, pues, que un buen día apareció en el norte de Africa Hércules, el gran Hércules griego, cubierto con su piel de león y armado de su nudosa clava, su arco y sus flechas envenenadas con la sangre de la Hidra. Su propósito era atravesar el estrecho y robar la manada de vacas del hombre más fuerte de la Tierra: Gritón. Era ésta una de las pruebas o trabajos de los doce que le impuso el rey Euristeo para que expiara un horrendo crimen. Llegó pues Hércules al estrecho que aún hoy separa Africa de España y, viendo a cada lado las dos rocas colosales que erigiera siglos antes Briareo —el gigante de las cien manos—, que se llamaban por eso Columnas de Briareo y de las cuales una, caída a lo largo, subsiste todavía (el llamado Peñón de Gibraltar), exclamó:

—¿Cómo que de Briareo? ¡De Hércules! ¡Columnas de Hércules! ¿O es que la gente de por aquí no ha oído hablar de mí?

Y tras borrar el nombre de Briareo, grabó encima el suyo para que de allí en adelante se llamaran Columnas de Hércules en memoria de la aventura que se disponía a acometer. Cruzado que hubo el estrecho, bordeó la

16

costa y llegó frente al reino de Gritón. Sobre el verde del prado real salpicado de florecillas pacían tranquilamente las blanquísimas vacas del rey bajo la atenta vigilancia del vaquero Custodito y de Aurora, la perra de tres cabezas. En cuanto Aurora sintió en el aire el olorcillo de un cuerpo desconocido, sus seis orejas se pusieron tiesas, sus tres hocicos se arrugaron y, loca como una fiera, afilando sus colmillos en el viento, se lanzó ladrando hacia la masa de músculos de Hércules, que se disponía a franquear la linde del prado. Acostumbrado a fieras más peligrosas, pero quizá no tan enfurecidas, levantó Hércules su pesada clava y de un golpe machacó la cabeza más alta, la del medio, de la valiente Aurora. Las otras dos no tuvieron tiempo de reponerse y corrieron la misma suerte. Ya venía corriendo por el prado Custodito, gritando, llorando y con la lanza alta:

—¡Ladrón! ¡Desalmado!

Otra vez levantó Hércules su poderosa maza y asestó con ella tal golpe al fiel vaquero, que lo clavó entero en el blando césped. Acercóse luego el héroe a las vacas y fue conduciéndolas hasta la orilla. Llenó su barca, las dejó al otro lado del río y volvió por más.

Pero ya Gritón, informado de la tropelía que se le hacía, se acercaba volando y echando fuego por los ojos. Hércules le disparó una flecha y otra y otra, pero las veloces manos de Gritón las agarraban al vuelo y las cascaban como cañas ante los perplejos ojos del cuatrero. Descendió luego el rey, arrancó de paso un olivo viejo y se dirigió hacia el héroe de la clava resuelto a aplastarlo. Pero Hércules lo esperaba con pie firme. Rugió Gritón al descargar su golpe, silbó el recio tronco al hendir el aire, chocó contra la broncínea clava del hijo de Zeus y se deshizo en mil astillas por el prado. Viendo al rey desarmado, arremetió Hércules rápidamente y dejó caer un mazazo sísmico sobre la mediana de sus tres cabezas, al tiempo que se oían los gritos de la anciana Fuentermosa, que acudía temerosa de la suerte de su hijo:

—¡Hijo mío, hijo mío! ¡Gritón, Gritón!

Pero las férreas manos de Gritón, todas juntas como un yunque, pararon y asieron aquella arma formidable antes de que le estropeara algo más que el penacho de crines blancas del casco, y la arrancaron de manos del ladrón. Volvióse entonces el rey hacia su madre y Hércules no esperó a recuperar su arma, sino que corrió hacia la barca, atravesó el río y se perdió con las vacas robadas entre la espesura de los árboles. Gritón escuchó a su madre, que toda temblorosa le decía:

—Olvida las vacas perdidas, hijo mío. Olvídalo todo. Algo me dice que ese ladrón es muy peligroso. Vuelve a palacio conmigo...

Pero Gritón replicaba:

—No, madre, no. Tengo que enfrentarme a él. Es mi deber de rey recuperar nuestro ganado y castigar al asesino de Custodito y Aurora.

Cuando por fin consiguió convencerla y desasirse de ella, Hércules ya estaba lejos. Se elevó Gritón por los aires y sobrevoló la costa. Sus seis ojos escudriñaban cada roca, cada recoveco, pero no se veía ni rastro del ladrón ni de las vacas. Hércules las había escondido en una gruta cerca de la isla de Gadeira (en el norte de la cual se asienta hoy Cádiz) y se había encaramado al pino más alto del litoral para observar si le seguían. Pronto vio en el azul del cielo la silueta lejana pero inconfundible de Gritón y se ocultó entre las ramas hasta que pasó. El rey siguió hasta el extremo de la isla y, al no encontrar nada a sus pies, se volvió. Esta vez Hércules, protegido por el ramaje, lo esperaba con una flecha a punto. Cuando su ojo y la punta de su flecha se encontraban en la misma línea recta que los tres corazones de Gritón, su arco vibró, se oyó un silbido instantáneo y el rey sintió en su triple costado un triple impacto frío que detuvo su vuelo. Sus alas batieron alocadamente como las de un pájaro encerrado, y un grito agudísimo, prolongado, aterrador —como convenía a su nombre— salió de sus tres bocas, hizo saltar en millones de granos de arena las duras peñas de los acantilados y se propagó por todo el universo. Su cuerpo caía en espiral, se retorcía, se elevaba otra vez, se resistía a su propio peso, revoloteaba sin rumbo y, finalmente, tocó tierra y quedó inmóvil, allí, al norte de la isla de Gadeira.

La sangre del rey de Tartesos fluyó de su herida y empapó la tierra. Un arbolillo surgió de ella, un drago que, ya milenario, se encuentra en los que son hoy terrenos de la Facultad de Medicina de Cádiz. Si se le corta una ramita, da un líquido blanco como la leche. Si se le corta una raíz, un líquido rojo como la sangre.

# La Atlántida

Con las vacas robadas a Gritón regresó Hércules a Grecia bordeando la costa mediterránea, por lo que es hoy Andalucía, Valencia, Cataluña, sur de Francia, Italia, etc. Pero, justamente al abandonar la Península, cometió otra tropelía que merece la pena relatar.

Al llegar, en efecto, al antiguo reino de los beribraces, que ocupaban más o menos la zona llana que se extiende al norte de los Pirineos catalanes, fue recibido por el rey Bébrix, que lo acogió en su palacio y lo agasajó. Mas, habiéndose emborrachado en el curso de un banquete, Hércules raptó y violó a la hija de Bébrix, de nombre Pirene, quien inmediatamente dio a luz una enorme culebra. Asustada y avergonzada, huyó la jovencita a esconderse en los montes cercanos, donde las fieras la despedazaron. En su nombre, desde entonces, se llama a aquellos montes «Pirineos».

En cuanto al reino de Gritón, quiso la fortuna que los dioses intervinieran y que, después de un luengo período de prosperidad, fuera enteramente destruido en un horrible cataclismo. Pero vayamos por partes.

La hija de Gritón, Rubicunda (o Eriteia, en griego), fue seducida por Hermes, el dios griego de comerciantes y ladrones, y de su unión nació Nórax, que, confiando en su ascendencia divina, creyóse heredero único de todo el reino de su abuelo. Pero Gritón tenía otra hija, Famosina (en griego, Clito), de sus secretos amores con Trotiblanca (o Leucipa), esposa de un pastor, Bienquisto (o Evenor), y esta Famosina fue amada también por un dios, Posidón, a quien dio cinco parejas de fornidos mellizos, el primero de los cuales, llamado Resiste, deseaba también la corona. Siendo Posidón el dios del mar, Hermes no tenía nada que hacer, pues era Tartesos reino eminentemente marítimo. No se conocen detalles de las guerras que forzosamente debieron de enfrentar al partido respaldado por Posidón con el que apoyaba Hermes, pero es evidente que este último perdió, pues Nórax hubo de abandonar el país y, navegante errabundo por el Mediterráneo, acabó recalando en la isla de Cerdeña, donde se estableció y fundó la primera ciudad de aquella isla, que todavía existe y lleva su nombre: Nora.

En cuanto a Resiste y sus hermanos, se sabe que, con muchísimo tesón y con ayuda de su padre, transformaron el reino hasta hacerlo completamente inexpugnable y convertirlo en el país más perfecto del universo, la primera gran maravilla de la tierra, envidiado ideal de todos los demás pueblos.

. Desgraciadamente no tenemos noticias directas de este fabuloso reino de Resiste, que sólo se conoce a través de un relato del filósofo griego Platón, el primero que lo describió hace ya más de dos mil años. Es probable que, como Platón narra acontecimientos que sucedieron nueve mil años antes, haya en sus palabras ciertas inexactitudes de índole alegórica y algún que otro detalle imaginario, pero, hecha esta observación, sería imprudente dudar de la mucha sabiduría de tan insigne filósofo, siendo el suyo el único testimonio sobre el reino de los descendientes de Gritón en tan remotísimas edades.

A este reino, al país de Resiste (Resiste significa Atlas en griego), lo llama Platón Atlántida en honor al rey y a sus hermanos (Atlantes); mas, al no conocerse ningún lugar de este nombre, durante muchos siglos los eruditos y aventureros han situado la Atlántida en los más disparatados lugares del Atlántico, cuando en realidad se trata de Tartesos, como lo afirma textualmente Platón al decir que se halla fuera de las Columnas de Hércules, orientado hacia el sur y frente a Cádiz. Cabe añadir que este Atlas es distinto del gigante del mismo nombre que, al otro lado del estrecho, sostenía el cielo en sus hombros.

Para proteger a su amada y a sus hijos, transformó Posidón el núcleo del país en un sistema de islas concéntricas, de modo que, para llegar al centro desde el mar había que franquear tres recintos de tierra y tres canales circulares. La isla central medía un kilómetro de diámetro; el canal de agua que la rodeaba, doscientos metros de ancho; el primer anillo de tierra, cuatrocientos metros; el segundo canal, cuatrocientos metros también; el segundo anillo de tierra, seiscientos metros; y el tercer canal, seiscientos metros también. Este núcleo de tres islas y los territorios circundantes los dividió el dios del mar en diez partes entre sus hijos. La isla central correspondió a Resiste que, por ser el mayor, fue también rey de todo el país. Al mellizo de Resiste, Gadiro, u Ovejero, le correspondió la parte más cercana a la isla de Gadeira (Cádiz), que a él debe su nombre. El resto se repartió entre los otros hermanos, que se llamaban: Biendotado, Mañosillo, Diligencio, Oriundo, Jinetín, Consiliario, Torbellino y Archínclito. Bajo el constante impulso de todos ellos y de sus sucesores, el complejo de islas se convirtió en la capital más rica y populosa del orbe, y el resto del país fue racional y metódicamente organizado.

Entre el tercer canal circular y el mar se excavó otro enorme de nueve kilómetros de largo y cien metros de ancho para permitir la entrada y salida de grandes barcos que, en múltiples empresas comerciales, surcaban todos los mares entonces conocidos. Se practicó asimismo un canal de treinta metros de anchura a través de los dos anillos de tierra, de modo que una nave que viniera del mar podía llegar hasta la isla central en línea recta. Pero, a vista de pájaro, este trayecto entre el canal circular exterior y la isla central no se percibía, pues el canal que atravesaba los anillos era subterráneo (ya que todo el terreno era muy alto sobre el nivel del agua), mientras que el trecho correspondiente a cada uno de los tres canales circulares lo salvaban en el mismo punto tres puentes gigantescos de treinta metros de anchura.

No debe pensarse, sin embargo, que la isla central estuviera expuesta a un ataque del exterior. Además de una altísima muralla que circundaba la zona insular a una distancia uniforme de nueve kilómetros del canal circular mayor, había en la boca del gran canal marino y a la entrada de los puentes poderosas poternas y fortalezas de vigilancia con medios adecuados para impedir la entrada a cualquier embarcación hostil. Por otra parte, la imponente altura de los muros en todo el perímetro bañado por las aguas hacía el desembarco imposible. Sólo en el gran canal y en la parte interior de los anillos existían zonas más bajas destinadas a las labores portuarias y rigurosamente vigiladas.

El aspecto exterior de la capital debía de ser impresionante, pues todos sus edificios estaban construidos en piedra negra, blanca o rojiza de las canteras locales, mientras que los altos muros del anillo exterior estaban enteramente cubiertos de bronce; los del mediano, de estaño, y los de la isla central, de oricalco, metal parecido al oro que sólo se extraía en algunos yacimientos de la Atlántida y que hoy ya no se conoce.

En la amplia región que se extendía entre la muralla y el canal circular mayor se levantaban muchísimas viviendas, sobre todo en la zona del canal marino, donde la intensa actividad de los puertos concentraba a una vario-

pinta y agitada muchedumbre cuya ruidosa algarabía no se interrumpía ni de día ni de noche.

En el anillo mayor había, además de templos, parques, gimnasios y cuarteles de la guardia real, un hipódromo circular tan largo como el anillo mismo (unos diez kilómetros) y de doscientos metros de ancho. En el anillo menor había también templos, jardines y un cuartel de la guardia real más selecta.

En la isla central se levantaban dos edificios monumentales y suntuosos, el palacio real y el templo. Ocupaba el templo, consagrado al dios del mar y de doscientos metros de largo por cien de ancho, el centro mismo de la isla, y estaba todo cubierto de plata por fuera, mientras que el interior refulgía con marfil, oro, plata y oricalco. Una ingente estatua áurea del dios sobre un carro tirado por seis caballos alados presidía aquel magnífico recinto. En cuanto al palacio, construido cerca del templo, en el lugar donde el dios había vivido, era un complejo de lujosísimas construcciones en el que los sucesivos representantes de la dinastía acumularon toda suerte de maravillas. Destacaba entre ellas un santuario rodeado de una muralla de oro y consagrado a Posidón y Famosina porque en aquel lugar habían engendrado a sus primeros diez hijos. Era lugar de peregrinación adonde se llevaban ofrendas una vez al año, aunque el acceso al recinto sagrado estaba prohibido. Había también en la isla, en un hermoso jardín, dos manantiales de origen divino, uno de agua caliente y otro de agua fría, que abastecían al palacio y a los diferentes baños públicos en invierno y verano: baños para hombres, baños para mujeres, baños para caballos y otros animales de tiro. El resto del agua se enviaba fuera de la isla por acueductos adosados a los puentes.

El área comprendida en las murallas, con sus islas y canales, aun siendo la más importante, era sólo una pequeña parte de la Atlántida. Al norte de la capital se extendía una inmensa llanura rectangular rodeada de elevadas y hermosas montañas cubiertas de prados y bosques entre las que corrían ríos y arroyuelos. A fin de canalizar todas estas aguas y de aprovechar mejor la riqueza de los bosques, se excavó un enorme canal de doscientos metros de ancho y treinta de profundidad todo a lo largo del perímetro de la llanura, de manera

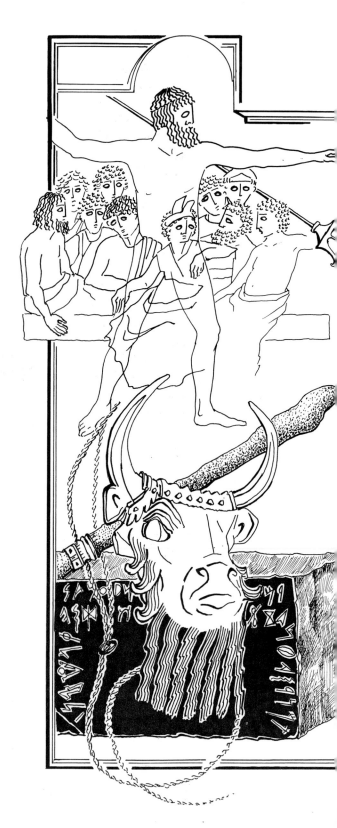

que el centro de su tramo meridional coincidía con el punto más septentrional de la muralla de la ciudad. En este punto, abierta la muralla, se construyó un canal perpendicular hasta el canal circular mayor, y así todo el caudal de los bosques venía a bañar los muros de la capital para desembocar finalmente en el mar.

Luego se excavaron canales más estrechos, de treinta metros de anchura, paralelos a los cuatro que delimitaban la llanura, hasta hacer de toda ella una especie de enrejado con multitud de islas cuadradas todas iguales. Por estos canales se transportaban troncos, y navegaban embarcaciones cargadas de mercancías que producían los bosques y la llanura: minerales, caza, ganado, queso, aceite, cereales, frutas, hierbas aromáticas, etc.

La organización política de este país singular era muy simple: cada uno de los diez reyes tenía jurisdicción sobre su territorio y su autoridad era incontestable. Como rey principal, el heredero de Resiste podía intervenir en asuntos fuera de su territorio, pero sus decisiones debían recibir el consenso de los otros nueve para ser válidas. En cuanto a las relaciones de los reyes entre sí, la letra de la ley estaba grabada en un pilar de oricalco guardado en el templo de Posidón, seguida de una serie de terribles maldiciones contra quien no la respetara, de modo que todos se regían por ella.

Cada cinco y cada seis años alternativamente se reunían los diez para tratar cuestiones de estado y juzgarse mutuamente. Antes de esto y para señalar la fidelidad que los unía, seguían punto por punto la siguiente ceremonia: tras pedir al dios del mar que propiciara su sacrificio, se introducían en un recinto del templo donde había toros bravos y, armados únicamente con lazos y garrotes, en un ejercicio que es sin duda el origen de la corrida, daban caza a uno de los toros. Lo llevaban al pilar de oricalco y encima lo degollaban para que la sangre corriera sobre la inscripción. Ofrecían luego el toro a Posidón, echaba cada uno un poco de sangre en un gran cuenco con vino y purificaban el pilar. Después, con una copa de oro, tomaba cada uno vino del cuenco y hacía una libación sobre el fuego del sacrificio mientras juraba en su nombre y en el de sus descendientes cumplir fielmente lo que estipulaba la inscripción. Bebían seguidamente lo que quedaba en la copa y dedicaba cada

25

uno la suya al dios. Se hacía luego una pausa para la cena y, ya de noche, cuando el fuego del sacrificio se había extinguido, vestidos en riquísimo ropaje azul oscuro, se sentaban en la oscuridad alrededor de las cenizas y se sometía cada cual a la sentencia de los demás y formulaba la suya. Al amanecer inscribía cada uno su sentencia en placas de oro y la depositaba en el templo junto con un vestido.

Entre las muchas leyes que reglamentaban la unidad y permanencia del Estado, la más importante prohibía tajantemente la guerra entre cualquiera de los diez reyes. Sin embargo, los ejércitos de la Atlántida eran muy numerosos, pues temían sus gobernantes que un país tan rico como el suyo excitara la ambición de potencias extranjeras. Estaba el territorio dividido en 60.000 distritos, cada uno de los cuales, de cuatro kilómetros cuadrados, debía proporcionar un jefe de sección. En el territorio de la capital estos jefes corrían con una sexta parte de los gastos de la caballería y contribuían además con dieciocho guerreros de diferentes categorías. Los efectivos de este ejército se completaban con diez mil carros y mil doscientos navíos de guerra.

Con el tiempo, esta enorme fuerza militar llevó a los hombres de la Atlántida a desear imponer a otros lo que no permitían sufrir ellos mismos: la conquista. Sus ejércitos invadieron primero y absorbieron todos los reinos del sur de la Península y se extendieron luego progresivamente por el norte del Mediterráneo hasta Italia y por el sur hasta Egipto. Lejos estaban ya los tiempos de los diez Atlantes y de sus inmediatos descendientes, hombres de nobles principios que buscaron y hallaron riqueza y esplendor en el trabajo constante y no en el fácil e innoble oficio de la guerra.

La ambición de la Atlántida crecía con sus victorias. Tras dominar Egipto, proyectaron sus generales someter el resto del Mediterráneo. Una armada nutridísima y bien equipada se hizo a la mar un amanecer de primavera. De pronto las entrañas de la tierra rugieron como si un monstruo gigantesco se agitara en ellas. Las olas del Atlántico se levantaron enfurecidas por encima de los mástiles más altos mascando entre sus pavorosas fauces navíos, armas y guerreros, que luego vomitaban estruendosa y sañudamente sobre los tejados y parques de la capital.

Pero la incontenible furia del dios del mar, harto de contemplar la degeneración irremediable del paraíso que fundara siglos antes, no era la única que se desencadenaba en aquel momento. Temerosos de la invasión que se les avecinaba, los griegos habían elevado insistentes plegarias a Hermes, y Hermes, agente de la voluntad de la divinidad suprema, que no olvidaba la afrenta que se había hecho a Nórax, y que en su oficio de conductor de las almas de los muertos bajaba cada día a los infiernos a acompañar a las de las víctimas del terror atlántida, pidió y obtuvo el destructor concurso de todas las potencias que habitan en las regiones infernales. Y las potencias infernales le escucharon.

Y la tierra se estremeció bajo los inamovibles anillos de la Atlántida, y sus ciclópeos murallones se resquebrajaron, y sus templos y mansiones se desmoronaron. Y las montañas se derritieron, y ardiendo y crepitando inundaron la cuadriculada llanura y la ciudad. Y los mil canales chascaban tronchándose como hilos de hielo y desaparecían en negras simas que el suelo abría. Y la bóveda celestial estallaba en torrentes de relámpagos y cascadas de agua hirviendo. Y el chisporroteo del agua y el fuego atronaba los confines todos del cielo. Y en aquel descomunal concierto de cataclismos ininterrumpidos a lo largo de un día y una noche, el otrora paradisíaco mundo de la Atlántida fue destruido, arrasado, arrebañado de la faz del planeta hasta sus más profundos cimientos, la tierra reducida a arena, los metales fundidos y engullidos hasta el centro de la tierra, los hombres desintegrados en humo.

Sólo quedó una espesa mancha de lodo turbio en el mar y una inmensa nube de vapor oscuro flotando sobre la región toda. La violencia llegó incluso hasta la isla de Cádiz, que, siendo alargada, se rompió en dos: una, la que alberga la ciudad actual; otra, la llamada de Sanctipetri. Tres mil años fluyó el Guadalquivir para lavar la herida que en aquella costa dejó la Atlántida. Luego, paulatinamente, gentes del interior, descendientes de los pocos tramontanos que escaparon a la hecatombe, volvieron a poblar aquellas tierras. Volvió a crecer la hierba, volvió a labrarse el suelo, volvieron a organizarse sus habitantes. De la Atlántida quedaba sólo el borroso recuerdo de un mal sueño.

# Gárgoris y Habis

Con el paso de los siglos los descendientes de Gritón llegaron a dominar, como queda dicho, los territorios de toda la cuenca del Guadalquivir hasta formar un vasto reino que ocupaba más o menos lo que hoy es Andalucía y el sur de Portugal, y que recibió el mismo nombre que la antigua metrópoli: Tartesos. Uno de los pueblos así conquistados fue el de los cunetes, que desde tiempos antiquísimos habitaba en las inmediaciones de la desembocadura del Guadiana. Gracias a un historiador romano, Trogo Pompeyo, conocemos algo de los cunetes: la fabulosa e increíble historia de uno de sus primeros reyes.

Este rey se llamaba Gárgoris y la Humanidad le debe la invención de la apicultura. Tras haber, en efecto, observado que la recolección de la miel de las colmenas silvestres era peligrosa, pues las abejas buscaban sitios cada vez más inaccesibles en las escarpadas paredes de las peñas, pensó que, en vez de ir a hurtarles sus reservas de alimento, convenía mejor hacerse amigo suyo, amaestrarlas, proporcionarles todo lo que necesitaban para producir miel suficiente para sí mismas y para sus propios súbditos. Cabe recordar que, como en aquellos tiempos no se conocía el azúcar, era la miel preciada golosina y sobre todo socorridísimo medicamento.

En un apacible y retirado rincón de los jardines reales, al abrigo de unas musgosas peñas coronadas de pinos de las que manaba una temblorosa fuentecilla que huía entre violetas, lirios, jacintos y verbena, construyó, pues, Gárgoris, a la sombra de una palmera enana, unas cuantas casitas con cascarones de corcho. Plantó cerca laureles, manzanos, escaramujos, tomillo y ajedrea para que las abejas no tuvieran que hacer largos recorridos y para que el aire saturado de fragancias mantuviera alejados a los pájaros. Luego, un día de verano, esparció alrededor de las casitas brotes de melisa triturados y golpeó repetidamente una copa de bronce. Atraída por el aroma y el metálico tintineo llegó una abeja, que en seguida fue a avisar a otras, y pronto todo un enjambre acudió a instalarse en las colmenas de Gárgoris. Pero no era fácil convencerlas de que a cambio de una morada segura debían compartir el producto de su trabajo con el rey, y sus terribles aguijones estaban siempre dispuestos a dejar esto claro. Mas, cuando los panales estaban llenos, rociábase Gárgoris con agua, se enjuagaba la boca y, con un puñado de pajas humeantes en la mano, se acercaba a recolectar la miel sin que ellas se

27

opusieran, indefensas ante lo que creían invencibles armas.

Cierto día de primavera en que Gárgoris se ocupaba de sus abejas, no muy lejos de allí, en una casi caverna de árboles antiguos y retorcidos, su hija, una hermosa mocita de quince años, se bañaba en las frescas aguas de un estanque recoleto que acogía día tras día a la fuentecilla de la colmena. Chapoteaba la niña y retozaba, y los mil ojos del sol se disputaban las pocas aberturas entre el follaje para contemplarla y acariciarla. Cuando por fin se cansó de juguetear en el agua y de mirarse en ella, se dirigió a aquel punto de la orilla donde, sobre un arbusto, había dejado su túnica. Salió su cuerpo de las aguas como el de Venus —que aun en eso no era menos que la diosa—, hollaron sus pies la hierba bordada y muelle, sacudió ella su inmensa cabellera oscura y, levantando los brazos al sol, se desperezó e hinchió sus pulmones de aquellos perfumados aires, mientras, de pena de dejarla, el agua resbalaba mansamente en lágrimas sobre su piel.

Mas, en aquel preciso instante de purísimo solaz, algo vino a turbar el estanque, el jardín y el reino todo. Y fue que una de las muchas abejas que por el jardín merodeaban, atraída por aquella fabulosa flor y enloquecida quizá por la resplandeciente blancura y el temblor de sus incipientes pechos, se lanzó hacia uno de ellos y clavó el duro aguijón en su breve y rosado botoncito. Rasgó un chillido de dolor el cielo. Corrió Gárgoris como un loco hacia el estanque y encontró desvanecido sobre la hierba el cuerpo de su hija. De la huella que dejara el aguijón corría un hilillo de sangre. Conoció el rey al punto el desafuero, maldijo enfurecido a toda la raza de las abejas —que por eso desde entonces, cuando pican, pierden el aguijón y mueren—, se postró junto a la niña y, recurriendo a un remedio que su

instinto le dictaba, con la punta de la lengua aplicó un poco de saliva sobre la minúscula herida y la apretó suavemente con los labios para vaciarla de veneno.

Pero el veneno le aturdió el sentido y era miel lo que sus labios sentían, mientras que el calorcillo mojado de su boca devolvía el espíritu a su hija y lo embriagaba de un placer sutil, impalpable y desconocido. Envueltos en un vértigo cálido y voluptuoso, fue Gárgoris marido de su hija y ella esposa de su padre, mientras la fuentecilla dormitaba y las abejas seguían libando néctares de flor en flor.

Varias semanas después se empeñaba Gárgoris en seguir creyendo que todo había sido un sueño. Pero fueron muriendo las flores, sopló el cierzo sobre las colmenas, quedó el estanque desnudo y, en medio del invierno, su hija dio a luz un niño, hermano de su propia madre y nieto de su propio padre. Mantuvo oculto el rey este acontecimiento, pues, aver-

gonzado de su acción, temía el escándalo y las habladurías de sus súbditos, pero al fin tomó una decisión: deshacerse de su hijo.

Llamó con este propósito a un hombre de su confianza, le entregó el bebé y le ordenó:

—Llévalo al bosque y abandónalo. Las fieras se ocuparán de él.

Obedeció aquel hombre las órdenes del rey y, tras internarse en lo más profundo del monte, dejó al niño junto a un pino. Gárgoris se sintió satisfecho, pues nadie conocería su secreto, pero algunos días después quiso cerciorarse de que sus órdenes se habían cumplido puntualmente y envió al monte a otro hombre, que volvió con el niño vivo y sano, pues, lejos de devorarlo, las fieras lo habían amamantado.

No quiso Gárgoris aceptar esta contrariedad y determinó tomar medidas más drásticas y eficaces. Por mandato suyo la criatura fue arrojada a un camino empedrado por el que

las vacas de los establos reales salían al amanecer. Allí moriría pisoteado. A la mañana siguiente, cuando todo aquel tropel de ganado, aguijado por varios peones, se precipitó a sus pastos batiendo estruendosamente el pavimento con sus miles de pezuñas, ninguna rozó tan siquiera al niño, que incluso ni se despertó.

Ante este segundo fracaso, ideó Gárgoris un plan más expedito y seguro: dejó sin comer durante muchos días a todos los perros de su jauría y luego les arrojó a su hijo. Cuando los perros vieron que algo caía, chispearon sus colmillos entrechocándose como pedernales y se lanzaron sobre el bulto. Pero milagrosamente, aunque roídos por el hambre, aquellos animales respetaron la vida del pequeño.

Herido ya en su orgullo de rey y ciego ante tales prodigios, ordenó a sus hombres como última solución:

—Abandonadlo en el mar y que muera ahogado.

Se pertrechó una barca a este propósito, y una noche de tormenta el infortunado niño fue arrojado a las frías aguas del Atlántico. Pasaron los días, pasaron los meses, pasaron los años, y Gárgoris no volvió a pensar en aquel día de primavera junto al estanque, aunque de vez en cuando entreveía en sueños el lunar en forma de abeja que su hijo llevaba en un hombro.

Pero su hijo no se ahogó aquella terrible noche, ni pez alguno lo devoró. Las alborotadas olas lo arroparon en puntillas y lo acunaron hacia la costa, y se adentraron por la boca del Guadiana hasta dejarlo a salvo sobre unos juncos de la orilla. Allí vino a beber una cierva, que le lamió la cabecita y le ofreció su leche caliente.

Sin conocer a otra madre, tomó a la cierva por la suya y, creciendo en la manada, llegó a creerse otro cervatillo más. Correteaba por los vericuetos del monte con los otros, comía como ellos bayas, tallos y raíces, bebía en las fuentes que ellos frecuentaban, dormía con ellos en las grutas más recónditas del monte. Así, poco a poco, sus piernas fueron haciéndose vigorosas y ligeras, su piel se aterciopeló, su lengua aprendió a reproducir los diferentes matices del bramido, su rostro adquirió unas facciones parecidas a las de aquellos hospitalarios animales: mentón fino, nariz suave, ojos serenos y nobles, y frente adornada con dos protuberancias anunciadoras de una majestuosa cornamenta.

Pronto los demás miembros de la manada reconocieron la superior inteligencia del muchacho y, cuando murió el viejo ciervo que los guiaba, lo eligieron como sucesor. Así, cuando llegaba el invierno, elegía el fondo de los valles protegidos y calientes donde el pasto seguía retoñando. En primavera, cuando los cazadores aparecían, dirigía la manada hacia los riscos seguros e inaccesibles de la sierra. Cuando en verano el rayo hacía arder el monte, sabía cómo escapar de aquel infierno llevando a la manada valle abajo por el lecho de algún torrente. Y en otoño encontraba siempre los castañares más abundantes y seguros.

Mas la prosperidad y seguridad de los ciervos se hizo pronto sentir entre los cazadores, que cada temporada volvían a sus casas sin pieles y sin cuernas. Uno de ellos observó que sus repetidos fracasos no podían ser únicamente obra del instinto de los ciervos, pues a veces las redes camufladas de follaje que colocaba en pasos únicos en los desfiladeros o entre varios árboles contiguos y hacia las que sus expertos ojeadores dirigían a la manada aparecían cortadas o desatadas. La primera vez que, apostado tras un peñasco, descubrió la esbelta figura del hombre-ciervo sobresaliendo entre sus compañeros, sus ojos brillaron de asombro y alegría, y juró que no descansaría hasta conseguir capturar vivo a aquel extraño y hermoso ejemplar que con tanto tino dirigía la manada. Capturándolo lograría no sólo una pieza absolutamente única, sino la certeza también de que la caza del ciervo volvería a ser como antes.

Durante muchos días siguió el rastro de la manada, estudió los movimientos de su jefe y comprendió que la única manera de apresarlo era engañarlo, cogerlo por sorpresa. Retiró, pues, todas sus redes de modo que pareciera que abandonaba la lucha y esperó a que la manada se sintiera más segura de sí misma y por tanto más confiada.

Un día de tormenta en que el hombre-ciervo corría a la cabeza de los suyos por una vereda entre árboles, al atravesar un pequeño claro, cayeron a su alrededor cuatro grandes pedruscos, cada uno de los cuales estaba atado al extremo de una enorme red, que lo detuvo. Trató de desembarazarse de ella, pero ya saltaban de los árboles los autores de la emboscada, que, a pesar de la feroz resistencia que les opuso, lo inmovilizaron y ataron. Rebosante de gozo se acercó el cazador a felicitar a sus peones:

—Buen trabajo, muchachos. Esta sí que es una pieza excepcional.

El hombre-ciervo no entendía nada, sólo veía que no podía moverse. El cazador lo miró de hito en hito, le palpó los hombros, le acarició la barbilla y consideró sus desvelos suficientemente recompensados. Sintiéndose el hombre más afortunado del mundo, decidió llevar al hombre-ciervo a la ciudad para que toda la población pudiera ver a aquel ser extraordinario y lo envidiaran a él, que esa es la gloria de todo cazador.

Se dirigió primero a palacio, adonde ya habían llegado noticias de la captura de un extraño animal, y pronto fue recibido por el rey. Sentado en su trono, rodeado de sus consejeros y servidores, vio Gárgoris entrar en la estancia, escoltados por la guardia real, al cazador seguido por sus peones y, trabados los pies pero alta la cabeza y serenos los ojos, al hombre-ciervo. Hizo un ademán el rey y se lo acercaron. Lo miró de arriba abajo con curiosidad y le pareció que aquella inaudita especie de animal le recordaba algo, pero era tan vago que no podía discernirlo.

Hizo algunas preguntas, que el cazador se apresuró a responder, entre las cuales ésta:

—¿Cómo puede explicarse que la naturaleza haya producido un ser así, que, siendo hombre, es también ciervo?

—Se trata, sin duda, Majestad —respondió el cazador—, de un niño que fue abandonado de pequeño en el monte, y que ha crecido entre los ciervos.

En un segundo cruzó por la cabeza de Gárgoris la chispa de un recuerdo de aquel hijo que con tanto empeño había ordenado matar, pero no, no podía ser: su hijo estaba muerto, había sido arrojado en alta mar y algún pez lo habría devorado. Prosiguió la conversación sobre los diversos detalles de su captura y finalmente, tras anunciársele una recompensa, recibió el cazador orden de retirarse.

Mas, al darse la vuelta el hombre-ciervo, vio Gárgoris en su hombro algo que le conmocionó el corazón y le hizo levantarse súbitamente. Se precipitó hacia él, le examinó el hombro, lo palpó y, como transportado, gritó:

—¡Eterna es la sabiduría de los dioses!

Arrancóse la diadema levantándola en alto, la colocó sobre la frente del hombre-ciervo y se postró a sus pies. Luego se los desató, lo hizo subir al estrado y, dirigiéndose a los presentes, exclamó:

—Este que veis es vuestro rey, hijo de mi sangre que, cuando nació, para borrar la ignominia de su nacimiento, pues es también nieto mío, ordené que muriera. Mas no hay razón de ocultar mi secreto, pues nada puede oponerse a las leyes del destino, que hoy, a través de este lunar en forma de abeja que lleva en el hombro, me deja reconocer a mi hijo y a mi rey, vuestro rey.

Aun no entendiendo la lengua, comprendió el hombre-ciervo que la intervención del rey y las aclamaciones que se siguieron eran en su honor, pues la vida silvestre no le había atrofiado la razón, y, como no se le hubiera tampoco agostado la generosidad, levantando ligeramente el labio, con una cervina sonrisa agradeció las muestras de exaltación que se le hacían.

Se le dio el nombre de Habis, que en lengua cunete significa «el encontrado», y desde entonces quien había sido rey entre los ciervos, lo fue de hombres. Aprendió pronto la lengua de sus súbditos y en seguida se dedicó a organizar su reino.

La Historia lo recuerda sobre todo por su contribución al desarrollo de la agricultura, pues fue el primero que domó a los bueyes para que tiraran del arado, y el primero en sembrar el grano en surcos. Así sus súbditos, que dependían antes de lo que espontáneamente crecía en el campo, aprendieron a cultivar la tierra, a hacerla más productiva y a guardar la cosecha para los períodos de escasez. También introdujo Habis innovaciones en la organización social de su reino. Dividió a la población en siete categorías: cortesanos, militares, sacerdotes, artistas, comerciantes, artesanos y obreros, y, en una época en que la esclavitud era ampliamente aceptada, promulgó una ley que prohibía a todo ciudadano cunete la condición de esclavo.

Se ignora cuánto duró su reinado, pero se sabe que su memoria y la prosperidad que dio a su pueblo duraron largo tiempo, pues sólo después de una larga lista de sucesores suyos perdió el reino su pujanza y terminó siendo absorbido por el de Tartesos.

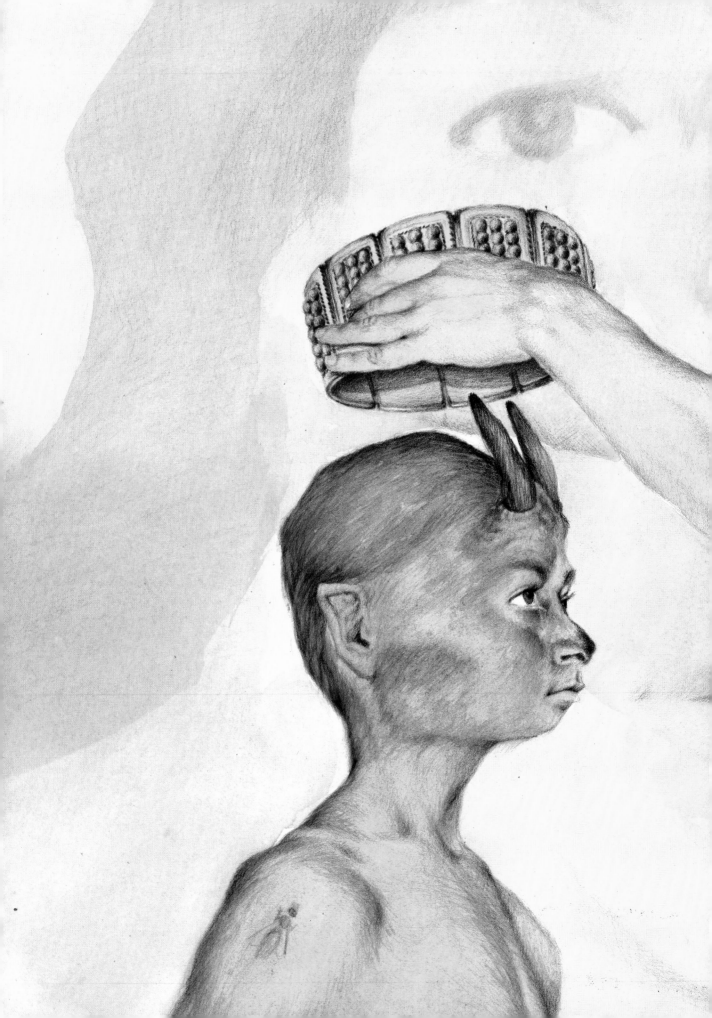

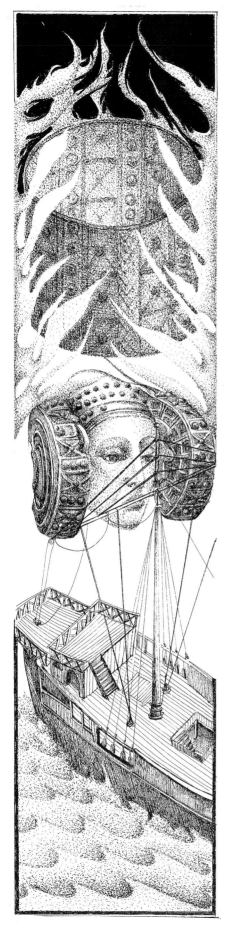

# Los últimos reyes de Tartesos

Si las historias de Gritón, de la Atlántida y de Gárgoris y Habis no pueden fijarse exactamente en el tiempo, pues se pierden en el nebuloso e intemporal ámbito del mito, las subsiguientes noticias referentes a Tartesos se encuadran ya en un momento concreto y documentable de la Historia Antigua. Pasamos así del héroe legendario al héroe de carne y hueso. Esta transición tiene lugar entre el año 1000 y el 500 a. de C., período al principio floreciente, pero que concluye con el fin definitivo del antiguo reino de Gritón.

Es durante estos quinientos años cuando el nombre de Tartesos se conoce ampliamente por el resto del mundo conocido como sede de un riquísimo emporio. Las naves tartesas, que monopolizaban el comercio marítimo en el Atlántico, subían hasta las islas Casitérides (costas gallegas y sur de Inglaterra) a buscar estaño para fabricar bronce, que después vendían en todo el Mediterráneo, o bien bordeaban la costa africana hasta las Islas Canarias a explotar los grandes caladeros de pescado de aquellas aguas y hacer acopio de otros productos. Dice la Biblia que Tarsis (Tartesos) exportaba, además de metales preciosos, marfil, monos y pavos reales. El oro y la plata provenían de los yacimientos tartésicos, que tenían fama de inagotables (los fenicios se asombraron de ver que en ciertos lugares se utilizaban calderos de plata en los establos), pero el marfil y los animales exóticos venían de Africa.

Fue esta abundancia de riquezas lo que atrajo a los fenicios, grandes viajeros y comerciantes que, desde sus bases en la costa del actual Líbano, recorrían con sus naves todos los puertos del Mediterráneo. Tratando de hacer la competencia a los tartesios, buscaron en el sur de la Península un lugar donde establecerse, y por fin lo hicieron, hacia el año 1100, en una isla frente a las costas mismas de Tartesos. A este asentamiento lo llamaron Gadir, que en fenicio quiere decir «lugar fortificado», por la buena protección que ofrecía.

Aunque carente de una cultura propia, el pueblo fenicio jugó un gran papel en el desarrollo de la cultura mediterránea, y más concretamente en el de la ibérica. Rodeados por civilizaciones superiores como la sirio-babilónica, la hitita y la egipcia, los fenicios tomaron de ellas todo cuanto pudieron y lo dispersaron por el Mediterráneo. El sistema de pesas y medidas de los babilonios, la acuñación de moneda de los lidios, el alfabeto cursivo egipcio (evolución de la escritura jeroglífica), el vidrio, también de origen egipcio, y muchos otros adelantos y descubrimientos llegaron a Grecia, a Italia, al norte de Africa y a las costas ibéricas en naves fenicias. Por motivos de lucro. Pues, mercaderes sobre todo y ante todo, los fenicios no buscaban ni la conquista de otros países ni el dominio de otros pueblos. Sólo les interesaba la ganancia en el comercio, que se basaba en el trueque de productos manufacturados (púrpura, joyas, muebles, armas, etc.) por materias primas: metales, esclavos, alimentos, etc.

La fuerza del comercio fenicio residía en el alma aventurera de sus practicantes, que iban con sus naves adonde fuera preciso (ya veremos más adelante que fueron los primeros en navegar alrededor de Africa y en atravesar el Atlántico), y en los grandes adelantos que introdujeron en la navegación, utilizando madera del preciado cedro del Líbano para sus buques y sustituyendo las grandes tripulaciones de remeros por una vela grande cuadrada. Añádase a esto el proverbial celo profesional de los fenicios: se cuenta que en una ocasión un piloto fenicio dirigió su nave contra un escollo y la hizo naufragar para evitar que una nave competidora que le seguía pudiera averiguar en qué dirección se hallaba el lugar donde comerciaba.

En el sur de Iberia los fenicios tuvieron suerte, pues en Tartesos descubrieron sus grandes yacimientos de plata, que en Oriente era más preciada que el oro. Al principio los que se asentaron en Gades mantuvieron relaciones pacíficas con los tartesios, pues se limitaban a comprar lo que sus vecinos les vendían. Pero pronto comprendieron que ganarían más si ellos mismos viajaban allá donde los tartesios obtenían el estaño y los demás productos. Comenzaron, pues, a espiar los movimientos de sus naves y, cuando veían a una flotilla tartesia salir al Atlántico, enviaban ellos varios navíos detrás, que la seguían hasta sus puertos de destino, donde ofrecían precios más altos por los mismos productos. Huelga decir que estas prácticas no eran del agrado de los mercaderes tartesios, que veían destruido su monopolio y menguados sus beneficios. El enfrentamiento hostil de los dos pueblos no se haría esperar y Tartesos hubo de capitular, primero bajo el rey Ferocio y, finalmente, al morir el rey Argantonio en el año 550 a. de C.

# Ferocio

Digno descendiente de los atlantes fue Ferocio (Terón para los griegos), a quien, como lo sugiere su nombre, se respetaba y temía en todo el Mediterráneo. A Ferocio elevaron una queja los mercaderes tartesios cuando se resintieron de la competencia desleal que les hacían los fenicios. Tras informarse detalladamente de lo que estaba ocurriendo, envió el rey a Gadir una embajada que se expresó en estos términos:

—Nuestro rey protesta formalmente contra la actitud desleal de vuestros comerciantes, pero, como no desea que la discordia reine entre nuestros pueblos, os propone la celebración de conversaciones para llegar a un acuerdo que beneficie tanto a Gadir como a Tartesos.

A lo que el consejo de gobierno de Gadir, compuesto en su mayoría de comerciantes, respondió:

—El comercio es una actividad libre, y los mares están abiertos a todo aquél que quiere o puede surcarlos. No tenemos, por tanto, intención alguna de concluir ningún acuerdo que delimite esa libertad.

Ante esta rotunda negativa, utilizaron luego los tartesios los mismos procedimientos que sus competidores, es decir, ofrecer precios aún más altos por los mismos productos, y así acabaron todos en una carrera que no hacía sino acelerar el encarecimiento de las mercancías y perjudicar finalmente a ambas partes. La situación llegó a ser tan insostenible, que una y otra entendieron que la única manera de prosperar era eliminando a su rival haciéndole la guerra.

Una mañana de primavera de cielo despejado, mar reluciente y suaves vientos del Atlántico, la flota tartesia y la flota fenicia se enfrentaron en una feroz batalla naval frente a la costa gaditana. Eran los mismos navíos que hasta entonces se disputaban el comercio, pertrechados para la ocasión, pues todavía no se conocían los barcos destinados exclusivamente a la guerra. Las naves de Ferocio llegaban a doscientas. Las fenicias no. Los almirantes sabían que allí se jugaba el porvenir de uno de los dos pueblos, y que las naves que resultaran vencedoras podrían volver libremente a surcar las rutas del comercio libres de rivales. Aquélla era una batalla que

había que ganar imperativamente. Con este ánimo en ambas partes el combate fue reñidísimo y prolongado.

En primer lugar las naves tartesias, saliendo por el Guadalquivir y con el viento a su favor, formaron una espesa muralla y se dirigieron hacia la isla de Gadir. Los fenicios habían colocado la mitad de sus naves en hilera a la entrada de la bahía para protegerla, y la otra mitad en mar abierto. A cualquiera de las dos mitades que se fuera el enemigo acudiría la otra para atacarlo de costado. Pues en aquellos tiempos toda la estrategia de la guerra naval se reducía a embestir lateralmente al navío enemigo con la proa del propio para partirlo en dos.

Al ver la disposición de la flota fenicia, Ferocio reunió a sus almirantes y les dijo:

—La bahía es fácil de atacar, pero podría convertirse en una trampa si nos faltara espacio para maniobrar. Lo mejor es luchar en mar abierto. Que se destaque una docena de navíos en punta de lanza contra la hilera de fuera. ¡Y el resto detrás!

Abrieron los fenicios su hilera por el centro para atraer a la punta del frente tartesio y empezaron a virar para embestirla de costado. La punta de lanza fue, en efecto, destrozada, pero el resto de la flota tartesia, que tenía el viento en sus velas, llegó a la línea de combate antes de lo que habían previsto los fenicios y, con la velocidad que traía, arrasó el frente enemigo sembrando el mar de maderos, de velas rasgadas y de guerreros que se ahogaban.

Mas, favorecida también por el viento, llegaba ya por detrás la hilera de navíos fenicios que guardaba la bahía. Los tartesios no repitieron sin embargo la imprudencia de la primera hilera fenicia, sino que, aunque se abrieron por el centro dividiéndose en dos cuerpos, viró cada uno hacia el exterior, de tal manera que, al dar media vuelta, envolvieron completamente al enemigo. La lucha se reanudó.

Ya crujían y saltaban en pedazos los maderos de los navíos fenicios, ya sentían los tartesios la victoria en sus manos, cuando, de pronto, el cielo crujió también con un estruendo de mil truenos y de él se precipitaron llamaradas como relámpagos que se cebaron sólo en las velas de las naves de Ferocio. Gritaban milagro los de Gadir, maldecían los

tartesios al cielo, y las llamas seguían hiriendo el maderamen ya de sus naves. Miles de ellos murieron ahogados, Ferocio entre ellos, muchos otros consiguieron nadar hasta la costa, pero sólo algunos llegaron a Tartesos, pues los fenicios persiguieron y capturaron a cuantos pudieron.

Luego supieron los fenicios la razón de su victoria: desde el templo de Melkart, que se levantaba sobre el extremo sur de la isla de Gadir (hoy de Sanctipetri), los sacerdotes que cuidaban del olivo de oro y ramas de esmeraldas del antiguo rey Pigmalión, y mantenían ardiendo permanentemente el fuego sagrado,

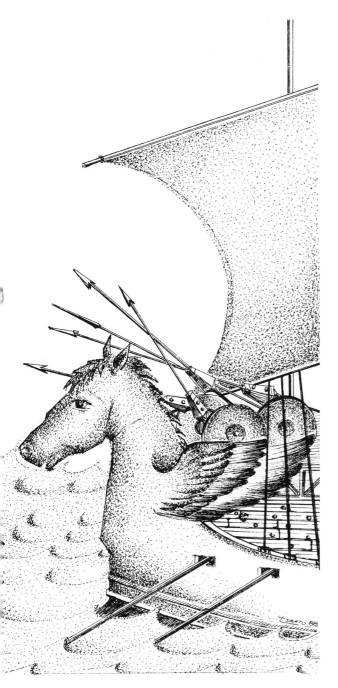

# Argantonio

La derrota naval frente a Gadir supuso para los tartesios una pérdida grandísima, no sólo porque tardarían mucho tiempo en construir otra flota, sino porque ya nunca más recuperarían la preponderancia que habían tenido una vez. No se convirtieron, sin embargo, en esclavos de los fenicios, pues poseían todavía abundantes riquezas mineras en su propio suelo. Pero sabían que los fenicios las codiciaban y que tenían que defenderlas. Afortunadamente tuvieron un rey inteligente y prudente que consiguió que la estrella de Tartesos siguiera brillando en todo el mundo conocido: Argantonio, que reinó ochenta años de los ciento veinte que vivió.

La abuela de Argantonio era una princesa que había perdido a su padre en la batalla contra los fenicios. Lo quería muchísimo y, cuando vio su cadáver, arrastrado por las olas hasta la playa, se echó a llorar y así pasó tres años y tres días. Al cabo hizo propósito de vengarse: cuando fuera mayor, tendría un hijo fuerte y valeroso que castigaría a los fenicios por haberla dejado huérfana. Todos los días elevaba, pues, plegarias a los dioses pidiéndoles un marido aguerrido y apuesto con el que tendría el hijo que deseaba.

Pero los dioses de Tartesos, menos poderosos que los temibles dioses fenicios Melkart y Reshef —pues ya se sabe que los fuertes siempre tienen a los mejores dioses de su parte—, no podían consentir que naciera en Tartesos un príncipe de carácter excesivamente impetuoso, pues esto le llevaría a un nuevo enfrentamiento con los fenicios, en el que Tartesos tendría todas las de perder.

Cuando se hizo mujer, trataron los dioses de evitar que conociera a jóvenes demasiado activos, vigorosos y avispados, y siempre ponían a su paso muchachos regordetes, pacíficos y cachazudos. Ella se desesperaba, pues el tiempo pasaba y no acababa de encontrar al hombre que buscaba, así que un día, despojándose de todo pudor, se fue al monte.

—Allí encontraré lo que busco —se decía—, un hombre fuerte y decidido, un cazador, un pastor o un leñador.

Y, efectivamente, en medio de un pinar vio un fornido leñador que derribaba pinos altísimos de sólo dos hachazos, uno de cada lado. Se acercó a él y le preguntó:

aquellos sacerdotes, rapados, descalzos y vestidos en túnicas de lino, habían visto cómo la derrota que estaban sufriendo las fuerzas de su pueblo significaba el fin de su presencia en Occidente, y habían implorado a Reshef, dios fenicio del fuego y del rayo, que interviniera, que no permitiera aquel desastre para la nación fenicia, o al menos que lo pospusiera. Y Reshef escuchó sus plegarias y envió el fuego del cielo contra Tartesos. Pero no olvidó la segunda alternativa, y por eso no intervino para impedir la derrota total de la raza fenicia varios siglos después, cuando los romanos destruyeron Cartago.

—¿Quieres casarte conmigo?

El leñador dijo que inmediatamente; ella lo llevó a palacio y al día siguiente se celebraba la boda.

No gustó a los dioses la jugarreta de la mocita y, aunque ella les pedía insistentemente un hijo, lo que nació fue una niña.

«¡Qué mala pata! —pensaba—. Ya veremos la próxima vez.»

Y seguía encomendándose a los dioses. Pero la siguiente vez sucedió lo mismo, y la siguiente también, y la siguiente igual, hasta que el leñador se halló padre de cincuenta hijas que, casaran con quien casaran, no tenían más que hijas también. Entonces el leñador dijo:

—Se acabó.

Y se volvió al monte.

Viendo los dioses que, a pesar de todo, aquella fervorosa mujer no cejaba en sus plegarias, y temiendo que fuera a perder su fe en ellos si no accedían de algún modo a sus deseos, decidieron darle un nieto. Pero un nieto sobre el que la abuela no pudiera tener mucha influencia, pues estaban seguros de que ella trataría por todos los medios de educarlo en el odio a los fenicios. La mejor solución que se les ocurrió fue posponer al máximo el nacimiento, y fue la última hija, la quincuagésima, la que dio a luz a Argantonio. Pero aún temían los dioses que la tenacísima abuela viviera lo suficiente para hacer de las suyas y, para impedírselo, hallaron un expediente verdaderamente extraordinario: Argantonio crecería la mitad de deprisa que el resto de los humanos, es decir, que lo que para él era un año, eran dos para los demás seres.

Para conseguir esto tuvieron que alterar en buena medida las llamadas leyes naturales: según parece, la sangre de Argantonio corría en sus venas a la mitad de la velocidad normal, pues el corazón le latía mucho más espaciadamente que a los demás hombres, el pelo le crecía más despacio, y sus ojos podían discernir perfectamente los movimientos más lentos, como el abrirse un capullo o el del sol.

Nació, pues, muy pequeñito y no empezó a andar y a hablar hasta los cinco o seis años, ya que su desarrollo era el doble de lento que lo normal. O, dicho de otro modo, parecía vivir a cámara lenta, mientras que para él el mundo era una sucesión de hechos marcada por la precipitación. Tenía la piel como la plata de blanca, tal como indica su nombre (Argantonio pertenece a la misma raíz que *argentum*, «plata» en latín), hablaba despacio, era vegetariano y le encantaba montar a caballo.

Cuando tenía doce años, su abuela, que lo era desde hacía veinticuatro, murió sin haber podido hacer de él el gran caudillo antifenicio que tanto había soñado. Al contrario, debido a la especial lentitud de su crecimiento, Argantonio fue un muchachito tranquilo, de carácter afable y pacífico. Al principio todo el mundo lo creyó retrasado mental, pero, cuando a los cuarenta años, es decir veinte de los suyos, vieron con qué juicio, digno de los ancianos más ilustres, analizaba las cosas, con qué sabiduría y elegancia las expresaba, con qué enjundia y prudencia sopesaba las dificultades, con qué perspicacia daba solución a las cuestiones más abstrusas, lo tuvieron por iluminado y, por aclamación popular, fue elegido rey de Tartesos.

Reinó el doble de años de los que había vivido, es decir cuarenta, u ochenta según el cómputo de sus contemporáneos, siendo, pues, su reinado el más largo que haya conocido la Historia. Sus cualidades de gobernante inteligente fueron proverbiales en toda la Antigüedad. Para neutralizar el peligro fenicio, Argantonio estableció relaciones de amistad con los griegos, y los invitó a comerciar con su país y a asentarse en él. Así fundaron los griegos en territorio tartesio la ciudad de Mainake (cerca de Málaga) y recibieron mucha plata para defender sus propias ciudades. Fue este largo período de paz y prosperidad el que llevó al mundo griego mil leyendas sobre un país donde todo el mundo era rico y feliz: Tartesos. Mientras Argantonio vivió, esto no fue leyenda, pues su longevidad fue fecunda, y lo que a muchos no sirve sino para acumular vicios y repetir errores a él le sirvió para acumular conocimientos y experiencias, ejercitar sus virtudes, reparar sus errores y poder así dar a sus súbditos todo lo que podían desear.

Cuando murió, era considerado como un semidiós, y nadie se creyó digno de sucederle en el trono, ocasión que aprovecharían inmediatamente los fenicios. Siguiendo sus últimas disposiciones, su cadáver fue quemado y sus cenizas, que, según se dice, eran como polvo de plata, fueron arrojadas al Guadalquivir, donde brillan todavía las noches de luna.

# Contra Cartago

Tartesos murió con Argantonio, los griegos hubieron de abandonar Mainake, y el sur de la Península quedó a merced de los fenicios. Pero su presencia en Iberia empezó a declinar cuando su capital, Tiro, fue tomada por el rey de Babilonia, Nabucodonosor, en el siglo VI a. de C. Sin embargo, sus descendientes en el norte de Africa, los cartagineses o púnicos, tomaron el relevo en la Península y siguieron monopolizando las relaciones del sur ibérico con el resto del Mediterráneo. Al principio se limitaron a comerciar y explotar las minas, como habían hecho los fenicios, pero poco a poco Cartago se convirtió en una gran potencia militar y las necesidades de la guerra la llevaron a la conquista. En el siglo III los cartagineses perdieron una larga guerra contra los romanos (la Primera Guerra Púnica), y con ello la riqueza de las ciudades que tenían en Sicilia, Córcega y Cerdeña. Para resarcirse, y a través de los asentamientos que ya poseían en la costa, invadieron el interior de la Península con el fin de reclutar mercenarios para sus ejércitos, recaudar riquezas y sobre todo utilizarla como trampolín para atacar a los romanos por el norte de Italia. Así entraban los pueblos de Iberia en la órbita de una serie de guerras de conquista que no terminarían completamente hasta dos siglos después.

En aquel tiempo la guerra se hacía con el único fin de enriquecerse. El concepto de patria es una invención moderna que antaño no podía aplicarse más que a la ciudad donde uno había nacido e incluso sólo a la familia y a las posesiones que uno tenía. En el caso de Iberia, muchos y muy diversos pueblos y tribus la formaban, que no sólo no se consideraban compatriotas, sino que frecuentemente estaban en lucha. Cuando se unían entre ellos era precisamente para hacer la guerra a otros, vinieran o no del exterior.

Al llegar la primavera, aquellos que no tenían fortuna ni inclinación por las pacíficas labores de la vida sedentaria se agrupaban alrededor de un jefe más ambicioso que ellos y se ponían en marcha con la intención de hacerse ricos antes de que terminara el verano. Al llegar a una ciudad exigían un fuerte tributo y un cierto número de rehenes a cambio de no atacarla. Si los habitantes accedían, el ejército continuaba hacia otro territorio, seguro de no ser atacado por la retaguardia a causa de los rehenes. Pero si la ciudad no aceptaba, era como declarar la guerra: el ejército invasor la sitiaba y, cuando la tomaba, era dueño absoluto de toda ella, incluidos sus habitantes. Los atacantes se repartían el botín: joyas, ropas, armas, ganados y el producto de la venta de los habitantes como esclavos. Pues, según una ley universal en el mundo antiguo, el vencido debía la vida al vencedor, y muy agradecido le quedaba de que lo redujera a la condición de esclavo en vez de cortarle el cuello. Detrás de cada ejército se movía una ciudad ambulante de mercaderes de todo género entre los que destacaban los traficantes de ganado humano. Naturalmente había ciudades que, en vez de jugarse la existencia, recibían con los brazos abiertos a uno de estos ejércitos, pues, sometiéndose al jefe invasor y jurándole fidelidad, reducían el importe del tributo y se aseguraban su protección en caso de ataque de otro ejército.

Amílcar Barca fue el primer caudillo que Cartago envió a la Península para recaudar fondos y atraerse el vasallaje de ciudades aliadas para la guerra contra Roma. Llegó a Cádiz, donde asentó sus cuarteles, en el año 237 a. de C.; en pocos años conquistó el sur y sudeste de Iberia tomando bajo su control las minas de Sierra Morena, construyendo una fortaleza en el lugar que ocupa hoy el castillo de Santa Bárbara en Alicante, que era entonces un asentamiento griego, Akra Leuke, y llevando sus insignias hasta el cabo de la Nao. Pero no todos los pueblos conquistados aceptaban lo que se les imponía por la fuerza y algunos se resistían. Este fue el caso de Ilici (hoy Elche), que hizo frente al invasor y acabó con él.

Para sustituirlo, el Senado cartaginés envió a Asdrúbal, que se había formado con él y estaba casado con una hija suya. Al principio quiso Asdrúbal atraerse la voluntad de los pueblos iberos por las buenas, cosa que no era difícil, pues muchos de ellos se sentían protegidos por su ejército. Fundó Carthago Nova (Cartagena), que en seguida se convirtió en el primer puerto español del Mediterráneo, y firmó un tratado con los romanos por el cual aceptaban éstos que la zona de influencia cartaginesa se extendía hasta el Ebro. Pero otros pueblos de la Península, sobre todo los del interior, no querían ni por las buenas ni por las malas convertirse en vasallos de los cartagineses, y en uno de ellos pagó con la vida su avaricia y crueldad.

Sus tropas proclamaron jefe a su lugarteniente Aníbal, que conocía bien Iberia por haber acompañado a su padre Amílcar en su primer viaje de conquista, y estaba casado con la hija de un noble de Cástulo (hoy Cazlona, en Jaén). Tenía entonces Aníbal veintiséis años, y la zona de influencia cartaginesa llegaba hasta el río Tajo por el norte y hasta el Ebro por el este. En sus primeras campañas trataría Aníbal de tantear la solidez de estos límites, al norte de los cuales se extendía el área de influencia de sus mortales enemigos, los romanos. Esto le llevaría a conquistar y destruir muchas ciudades del interior y finalmente Sagunto, que fue en realidad el principio del fin de la presencia cartaginesa en Iberia.

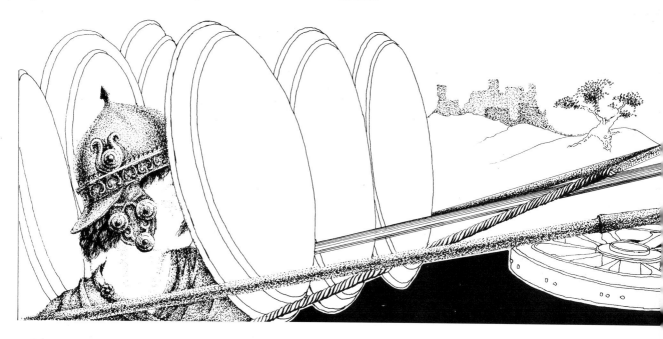

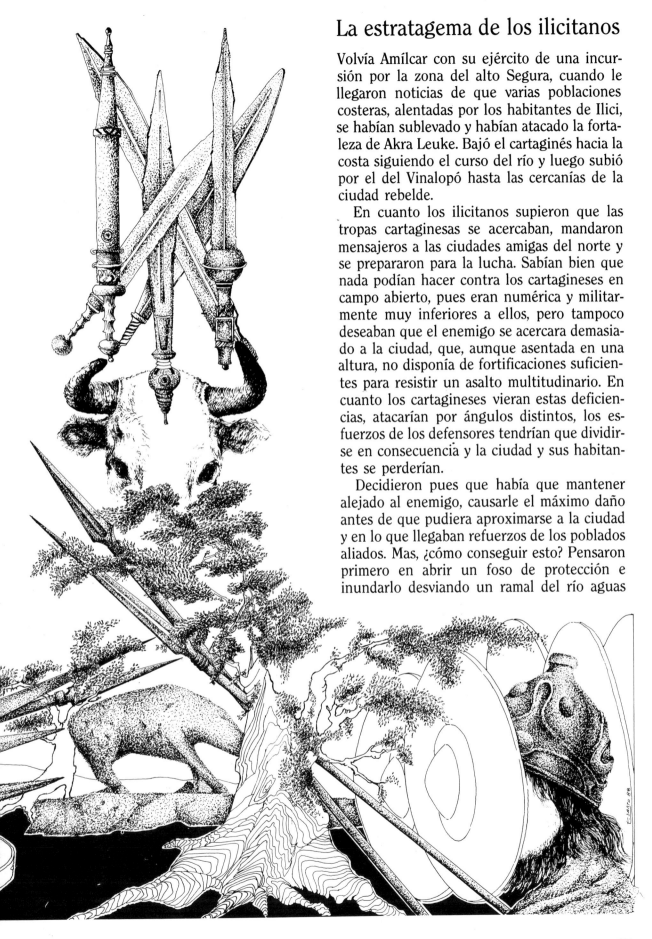

# La estratagema de los ilicitanos

Volvía Amílcar con su ejército de una incursión por la zona del alto Segura, cuando le llegaron noticias de que varias poblaciones costeras, alentadas por los habitantes de Ilici, se habían sublevado y habían atacado la fortaleza de Akra Leuke. Bajó el cartaginés hacia la costa siguiendo el curso del río y luego subió por el del Vinalopó hasta las cercanías de la ciudad rebelde.

En cuanto los ilicitanos supieron que las tropas cartaginesas se acercaban, mandaron mensajeros a las ciudades amigas del norte y se prepararon para la lucha. Sabían bien que nada podían hacer contra los cartagineses en campo abierto, pues eran numérica y militarmente muy inferiores a ellos, pero tampoco deseaban que el enemigo se acercara demasiado a la ciudad, que, aunque asentada en una altura, no disponía de fortificaciones suficientes para resistir un asalto multitudinario. En cuanto los cartagineses vieran estas deficiencias, atacarían por ángulos distintos, los esfuerzos de los defensores tendrían que dividirse en consecuencia y la ciudad y sus habitantes se perderían.

Decidieron pues que había que mantener alejado al enemigo, causarle el máximo daño antes de que pudiera aproximarse a la ciudad y en lo que llegaban refuerzos de los poblados aliados. Mas, ¿cómo conseguir esto? Pensaron primero en abrir un foso de protección e inundarlo desviando un ramal del río aguas arriba, pero esto no infligiría daño alguno al enemigo, sólo lo retrasaría el tiempo de cruzarlo, que no podía ser mucho, pues no era mucho el tiempo de que disponían para realizar una obra de gran envergadura. Pensaron también tender una emboscada a los cartagineses, provocando un incendio en la llanura, de manera que las llamas los desorganizaran y obligaran a escapar atravesando el río, en cuya otra orilla estarían esperando los ilicitanos. Pero, si el viento cambiaba, se exponían a que las llamas se volvieran contra ellos y llegaran hasta la ciudad.

Estos y muchos otros planes pasaron por la cabeza de los ilicitanos tratando de combinar lo mejor de cada uno de ellos. Mientras tanto, las huestes de Amílcar avanzaban río arriba. Cuando al atardecer llegaron a la altura del actual canal de Elche, es decir a una distancia como de un kilómetro de la ciudad ibera, se encontraron delante una muralla artificial que en seguida provocó las carcajadas de todo el ejército cartaginés, desde Amílcar hasta el último mercenario: aquellos campesinos, en vez de proteger la ciudad, que se veía completamente indefensa, se habían echado a la llanura y habían colocado sobre una línea de unos doscientos metros perpendicular al río, una hilera de unas sesenta yuntas de bueyes enganchada cada una a una carreta cargada de ramas. ¿Qué pretendían aquellos desgraciados esperando tras las carretas? ¿Que los cuernos de los bueyes los defendieran?

Hacían chistes los soldados diciendo que no habían ido a la guerra para enfrentarse a profesionales de la aijada o para que nadie les pusiera los cuernos, y juraban que aquella gente tenía que ser necesariamente tonta, pues que salía a ofrecer al enemigo chuletas de vaca para recibir a cambio de las otras. Oyendo Amílcar esto último, dio orden de hacer alto y acampar y que un grupo de jinetes se acercara a las yuntas, alanceara a unos cuantos bueyes y los trajera para la cena.

Tras la línea de carretas los ánimos eran optimistas, aunque se notaba un cierto nerviosismo. En cuanto vieron acercarse a los jinetes, subieron los lanceros ilicitanos a las carretas e impidieron con una andanada de jabali-

nas que lograran sus propósitos los cartagineses. Mientras éstos volvían a Amílcar para ver qué se hacía, metieron los ilicitanos en cada carreta un barreño de brasas bajo un montón de estopa, al tiempo que otros aguijaban por los lados a los bueyes con las lanzas. Bajo las ramas que sobresalían en cada carreta había una carga de leña menuda y seca bien rociada de aceite, que en seguida empezó a arder al sentir la estopa. En unos segundos, sobre la luz mortecina del anochecer, toda una muralla de fuego avanzaba hacia los cartagineses. No hacía falta ya aguijonear a los bueyes, que, asustados por las llamas y el constante crepitar de las ramas de pino, corrían enloquecidos por la llanura. Tras ellos, en formación, venía la reducida caballería ilicitana seguida de los hombres de a pie, mientras, por el este, se vislumbraba la polvareda de una tropa de guerreros al galope. Eran refuerzos de las ciudades cercanas.

No tuvieron los cartagineses tiempo de reaccionar. La confusión se apoderó de ellos antes de poder entender lo que estaba pasando. Gritaba Amílcar, gritaban sus oficiales,

pero las órdenes que daban se perdían en el tumulto, pues nadie encontraba su puesto en la formación de combate y cada cual miraba cómo evitar aquella ola de fuego que, avivada contra el viento, se acercaba. Se precipitaban unos hacia el río y a él se lanzaban, corrían otros en dirección opuesta para salvarse en campo abierto, mientras los más, impávidos o paralizados por el susto, permanecían a pie firme esperando esquivar el paso de las yuntas colándose entre ellas.

Llegó por fin a ellos la tromba ardiente de carretas atropellando bajo sus ruedas los cuerpos que los bueyes pisoteaban. No había manera de pararlos: bramaban como leones y cabeceaban enfurecidos sintiendo el fuego ya en la cola, trepaban sobre los montones de guerreros que en aquel general desconcierto y estampida tropezaban, rompían algunos el yugo volcándose la carreta y esparciendo sus mil brasas sobre la carne magullada y los quebrantados huesos.

Cuando pasó aquella máquina de pezuñas y llamas, la suerte de los cartagineses estaba echada. Los que consiguieron esquivar a las carretas, vieron venir hacia ellos la ordenada línea de ilicitanos, que se lanzó resuelta a no dejar en pie a ninguno, mientras que la tropa de aliados que llegaban por el este se encargó de aquéllos que pensaron escapar por la llanura. Sólo se salvaron los que, por encontrarse en la retaguardia, tuvieron tiempo de huir por donde habían venido, y aquéllos que consiguieron llegar hasta la otra orilla del Vinalopó nadando o espoleando a sus caballos. Fue allí donde cayó Amílcar.

Cuando vio que la confusión cundía entre sus hombres, subió a su caballo y dio órdenes de que se refugiaran en el río hasta que las carretas pasaran, pero sólo los que estaban a su alrededor lo oyeron y se dispusieron a obedecer. Mas la corriente era fuerte y no podían quedarse en la orilla, pues otros, que no habían oído nada y querían cruzar, los empujaban. En aquella agitación, su caballo tropezó y dio con él en el agua, enredándosele un pie entre las riendas. Trató de desasirse, pero el animal se asustó y lo zarandeó y arrastró bajo el agua hasta la otra orilla, adonde Amílcar llegó ahogado.

Ilici fue libre, pero no por mucho tiempo. Los cartagineses no tenían un solo ejército ni un solo general.

# El asesino de Asdrúbal

La actitud de Asdrúbal ante los pueblos que le ofrecían resistencia no fue pacífica ni mucho menos y, ambicioso e intransigente, actuó con la característica ferocidad púnica, haciendo la guerra a discreción, imponiendo sus condiciones por la fuerza y ensañándose cruelmente con quienes se negaban a aceptarlas,

*porque tan necio era que creía*
—como dice el poeta Silio Itálico—
*que la gloria más grande es ser temido.*

Esto le costó la vida.

Había en el centro de la Península, a orillas del río Tagus (hoy Tajo), un pueblo rico y orgulloso de su independencia. La riqueza la debía a las auríferas aguas del río, que tanto cantaron los poetas antiguos, y el orgullo a la seguridad de saberse gobernado por un hombre íntegro, valeroso y prudente. Este hombre, descendiente de una antigua y noble familia carpetana, había heredado de ella el título y la responsabilidad de rey y un nombre que le vinculaba a los destinos de su reino: se llamaba Tagus, como el río.

Mucho había oído hablar Asdrúbal de la riqueza de Tagus, pues los mercaderes cartagineses que subían a comerciar con él contaban maravillas de su opulencia. Decían que su tesoro era incalculable y crecía sin cesar, pues no había más que llenar una criba de las arenas que el río arrastraba para sacar un montón de pepitas de oro como aceitunas, y que todo en aquel país era de este metal, que los naturales trocaban al peso por cualquier mercadería que se les llevaba. Avivaron estos relatos la ambición de Asdrúbal, que ya veía en el reino de Tagus la clave del futuro de Cartago, pues con oro se podían comprar armas y hombres para sostener cualquier guerra. Convencería al rey de que necesitaba un ejército fuerte, el cartaginés, para proteger tantas riquezas, exigiéndole a cambio un fuerte tributo en oro. O, si Tagus rechazaba tal proposición, le haría la guerra y le arrebataría cuanto poseía.

Atravesaron, pues, las tropas cartaginesas los agrestes parajes que actualmente se conocen como Paso de Despeñaperros y se internaron en la Meseta, territorio de la nación carpetana. Por el camino encontraron a más de un grupo de inconsolables mercaderes que,

a pesar de llevar una escolta de hombres armados, habían sido asaltados y robados por bandoleros, que ya en aquellos lejanos tiempos eran temidos por aquellas serranías. Ellos, sin detenerse a saquear ciudad alguna, pues todo les parecía poco comparado con lo que iban buscando, llegaron al reino de Tagus en varias jornadas de ininterrumpido andar.

Mucho se sorprendieron de ver que las orillas del río no estaban vigiladas, que no les salía al encuentro ningún ejército que defendiera la abundancia de riquezas que por doquier veían, y que el rey, al conocer su venida, ordenara que se los acogiera hospitalariamente e invitara a Asdrúbal a una cacería real.

Aquellos —los más— que, al llegar al río, se habían arrojado a él a recoger puñados de pepitas de oro, descubrieron pronto que no les servía sino de estorbo, pues nadie les daba por él nada, ya que todo el mundo tenía mucho y elaborado: joyas y recipientes de todas clases, vestidos de hilo de oro, paredes interiores de oro bruñido, etc. Los nativos se reían de ellos como se reirían hoy de alguien que viajara hasta el Tajo para llenarse ávidamente los bolsillos de piedras de la orilla.

Mientras la soldadesca hacía así el ridículo entre la población, asistía Asdrúbal a la cacería real acompañado de un nutrido grupo de guerreros de su confianza. Corrieron el jabalí toda la mañana y, a la hora de comer, habían lanceado ya dos docenas de piezas. Durante el banquete campestre que siguió, agradeció Asdrúbal al rey su incomparable hospitalidad, elogió el tino con que administraba el reino, ponderó sus abundantísimas riquezas y manifestóle su propósito de contribuir a perpetuar y afianzar el bienestar de su pueblo:

—Bien sabéis que la codicia de los hombres puede llevarlos a cometer los crímenes más horrendos. Vuestras riquezas son una tentación, si no disponéis de una mano fuerte que las guarde. Yo os ofrezco mi protección, la protección del ejército más poderoso, a cambio de una cantidad anual de oro.

Sonrió Tagus a estas palabras, agradeció al general su buena disposición y añadió:

—Ni mis súbditos ni yo necesitamos protectores, pues nuestro ejército, es decir, toda la población, se basta para defenderse a sí misma y sus riquezas, en el caso de que hiciera falta, cosa que no puedo ni imaginar, pues no

tenemos enemigos y ofrecemos nuestra amistad y hospitalidad a todo el que a nosotros viene. En cuanto a lo de someternos a un tributo, aunque el oro inunda nuestro país, ni una sola pepita lo abandona sin nuestro consentimiento, pues, si podemos regalarlo a espuertas de buena gana a quien se muestra amigo, nos opondremos con todas nuestras fuerzas a que alguien intente arrebatárnoslo por la violencia.

Hizo chascar lentamente Asdrúbal las articulaciones de sus dedos diciendo:

—En mi lenguaje, eso es una declaración de guerra, una guerra ganada de antemano, pues es evidente que mi ejército de profesionales puede hacerse dueño del reino entero en un solo día.

Tagus, que era noble de corazón, replicó:

—No sé de guerras, pues la vida es para vivirla, pero si la razón y el derecho dependen del enfrentamiento de dos fuerzas, como cada uno de nosotros representa a una fuerza, dispuesto estoy a luchar mano a mano contigo, de modo que, en vez de matarse muchos hombres en ambos bandos, muera uno solo, tú o yo.

Había oído hablar Asdrúbal de la mucha pericia del rey en el arte militar, de su invencible espada cuando, tras su coraza de oro,

luchaba sobre velocísimo corcel, y consideró sin sentido la propuesta de un duelo con él, y no sólo porque temiera ser derrotado, pues él también era notable guerrero y el más señalado entre los suyos, sino porque le parecía humillante ponerse a disputar lo que por su superior fuerza tenía en las manos. Así, sin más palabras, se levantó, dio un grito que sus hombres conocían, y dos de ellos se abalanzaron sobre el rey y lo inmovilizaron mientras el resto acuchillaba a sus amigos y criados.

El bello semblante de Tagus, imperturbable y afable de costumbre, se inundó de desolación. No podía comprender la actitud de aquel hombre que desdeñaba su amistad por su oro. Forcejeó con los que lo agarraban, pero fue golpeado por otros mientras aquéllos lo sujetaban. Luego ordenó Asdrúbal que lo clavaran en un árbol alto que al borde del río estaba, y se apresuraron los soldados a atarlo, izarlo desde una rama y, poniéndole una mano sobre otra por encima de la cabeza, le atravesaron las dos muñecas con un clavo enorme que hundieron en el tronco. Corría la sangre de Tagus por sus brazos, le acariciaba la frente, empapaba sus áureas vestiduras, goteaba y, fiel a una atávica querencia, iba en tenue hilillo a teñir las refulgentes aguas del río.

Para que los habitantes supieran quién mandaba en el país, dispuso el cartaginés que al día siguiente, de grado o por fuerza, fueran todos a ver a su rey, y así, rodeados de guerreros que los empujaban con la lanza, en lenta fila se los obligó a pasar ante el árbol que sintiera su calor postrero. Iban hombres y mujeres sollozando, pálidos de enojo e impotencia, mirando entre coléricos e incrédulos aquel despojo que, desfigurado y yerto, colgaba del tronco.

Mientras tanto, Asdrúbal, que nunca había disfrutado tanto de la caza como en aquel país, salió otra vez al jabalí con un grupo de guerreros y la jauría del rey. No sabían los sabuesos por qué su dueño no estaba con ellos, pero el peón que los conducía, que los cuidaba, que los había visto nacer a todos, sí lo sabía. Había escapado de la matanza del día anterior porque precisamente en aquel momento estaba echando de comer a los perros. Por la mañana fue uno de los primeros que pasó ante el ignominioso árbol y después se le ordenó que preparara la jauría para el nuevo rey. Obedeció, pero también preparó otra cosa: fue a la mansión de Tagus, se hizo con un puñal del rey, lo ocultó entre sus ropas y esperó el momento oportuno para utilizarlo. Sabía muy bien que sus compatriotas estaban perdidos, pues la razón nada puede ante la fuerza bruta, pero también sabía que tenía que hacer algo antes de morir. Y tenía que morir, porque para él era obligatorio tras la muerte de su rey. Existía, en efecto, entre todos los pueblos iberos la costumbre de consagrarse —como se decía— a alguien que consideraban superior, fuera rey, general o simplemente amigo, y lo servían con tanta fidelidad que, al morir el otro, debían también ellos seguirle en la muerte.

En virtud de esta «consagración» pensó aquel hombre en matarse en cuanto vio el cadáver de Tagus, pero, ante el horror que aquella visión le produjo, decidió morir matando: así sabrían los cartagineses lo que la injusticia duele. Trotaba en su caballo tras los perros, les silbaba, los espantaba o azuzaba según le indicaban los cazadores y pensaba sólo en el momento en que aquel puñal que llevaba junto al pecho se clavara en el de Asdrúbal. La ocasión se le presentó súbitamente al salir a un claro en el que el cartaginés, adelantándose a los que con él corrían,

acababa de atravesar con su poderosa lanza el corazón de un jabalí y, sin apearse, se detuvo a verlo morir.

Acercóse el ibero, saltó como un relámpago de su caballo al de Asdrúbal y, sujetándole con un brazo por el cuello, hundió más abajo con el otro el arma de dorada empuñadura. Una y otra vez repitió el golpe, ensañado y enloquecido por el cálido vapor de la sangre, sin darse cuenta de que hería ya a un muerto. Así lo encontraron los otros cartagineses, que en seguida se lanzaron sobre él. Al sentir que le ponían las manos encima, salió de su trance y levantó el puñal para herirse, pero otros brazos se lo impidieron. Fue atado y llevado a la ciudad para que todo el mundo conociera la crueldad cartaginesa.

Lo desnudaron y, atado por cada mano a la cola de un caballo para que se mantuviera de pie y en cruz, cuatro guerreros, dos por delante y dos por detrás, lo azotaron alternativa y largamente hasta que las ardientes puntas de los látigos lo despellejaron e hicieron de todo su cuerpo una sanguinolenta llaga. Pero el semblante de aquel hombre permanecía sereno, casi sonriente, como negándose a permitir a los cartagineses disfrutar el placer de ejecutar su venganza.

Trajeron después un gran brasero lleno de carbones ardiendo, y en el blanco corazón del fuego clavaron sus espadas hasta que se pusieron al rojo vivo. Luego, por turnos, se las hundían lentamente en el cuerpo para que, sin herirlo de muerte, sintiera los más intensos dolores. Chisporroteaba la sangre, se llenaba el aire de un pestilente olor a carne y hueso quemados, y los aterrorizados espectadores apretaban los párpados para huir de aquello. Pero el asesino de Asdrúbal, sin una mueca de dolor, impasible, se resistía a aceptar el sufrimiento.

Exasperaba esto a los verdugos, que, decididos ya a acabar con él, le ataron también los pies a sendos caballos y espolearon a los animales lo justo para desconyuntarle los miembros. Crujieron las articulaciones al quebrantarse y quedó colgando en el aire como un aspa roja el cuerpo destrozado de aquel hombre. Sobre él esparcieron los cartagineses las ascuas del brasero y se las restregaban y hundían en las heridas para arrancarle al menos un quejido. El, exhausto su cuerpo pero seguro de su victoria, irguió la cabeza, esbozó una sonrisa y gritó:

—¡Inútiles! Clavadme en un árbol, como a mi rey, a ver si muero de una vez.

# Las mujeres de Helmántica

Dentro de la serie de campañas de expansión hacia la mitad norte de la Península, cruzó Aníbal el Tajo y el Sistema Central y se internó en el país de los vacceos, que ocupaban aproximadamente el triángulo comprendido entre las actuales ciudades de Segovia, Palencia y Salamanca. Saqueó muchas poblaciones, pues su ejército no tenía rival, entre ellas Arbacala (hoy Toro, en Zamora), que fue tomada al asalto tras durísimos combates, y Helmántica (Salamanca), del arrojo de cuyas mujeres guardaría el cartaginés inolvidable recuerdo.

Ocupaba Helmántica un promontorio rocoso sobre el cual aún hoy se levantan los edificios más antiguos de la ciudad y algunos trechos del recinto amurallado que en tiempos ya romanos se superpuso al de los vacceos. Esta altura constituía, desde hacía unos trescientos años, la defensa natural de un enclave fuerte e importante en un territorio predominantemente llano. Fuerte e importante porque el río que lo bordea por el sur, el Tormes, era vadeable en aquel punto y además constituía la frontera entre el país vacceo y el de los vettones, que se extendía hacia el sur por lo que hoy es Cáceres y oeste de Toledo. Los vettones aceptaron las condiciones de Aníbal y no se opusieron a que atravesara su territorio para atacar a los vacceos. Cabe pensar incluso que propiciaran este ataque por razones de hostilidad con sus vecinos, pues, tras la victoria del cartaginés, Helmántica y sus tierras pasaron a ser dominio de los vettones.

La hostilidad entre vacceos y vettones se debía probablemente al original sistema socioeconómico de los primeros. En efecto, mientras que entre los vettones y otros pueblos de la Península existía la propiedad privada, que cada individuo o, mejor dicho, cada familia utilizaba y explotaba de manera exclusiva y en provecho propio, entre los vacceos la propiedad de la tierra y sus frutos se consideraban bien común. Cada año, a mediados de otoño, se dividían las tierras pertenecientes a cada ciudad en tantas parcelas como familias había, y se sorteaban entre ellas, para que cada cual tuviera la suya. Era obligatorio labrarlas y depositar luego la cosecha en paneras y almacenes colectivos, de los que todos los

miembros de la comunidad podían servirse según sus necesidades. Los abusos eran severamente castigados y se condenaba a muerte a todo aquel que, ignorando el interés común, ocultaba parte de la cosecha para uso particular.

Fuera o no a causa de este sistema comunista *ante litteram*, el caso es que las dos ciudades vacceas que atacó Aníbal eran grandes y muy ricas, pero también muy difíciles de tomar, pues todos los habitantes tenían algo que defender.

Al llegar a Helmántica, el ejército cartaginés se componía de un cuerpo de infantería de unos quince mil hombres, la mayoría de los cuales eran mercenarios reclutados en el sur de la Península; un contingente de caballería norteafricana —cartagineses o no— de unos mil jinetes; y cuarenta elefantes con sus castelletes de arqueros y lanceros. Los oficiales eran cartagineses en su mayoría.

Se acercó Aníbal por el sudeste y acampó frente a la ciudad, al otro lado del río, mientras los de Helmántica, unas tres mil personas en total, avisados con antelación por los centinelas de que se aproximaba un ejército, hacían acopio de agua y leña, recogían sus ganados y se encerraban con ellos tras sus murallas.

A ellas se dirigió al día siguiente Banón, intérprete de Aníbal, vadeando el río a la cabeza de una columna de jinetes y pasando entre dos toros de piedra plantados en la orilla (de los cuales uno se conserva aún sobre el actual puente romano salmantino), que señalaban la entrada en territorio vacceo. Pero, antes de dejar que se acercaran lo suficiente para no errar el tiro, la impaciencia de los defensores espantó a los caballos con una lluvia de jabalinas. Volvió Banón a Aníbal, que, como observara el incidente desde la otra orilla, en seguida dio orden de que se preparara el asedio.

Cruzó el río un tercio de la infantería y, remontando la orilla hasta la desembocadura de un arroyo que en más recientes siglos se llamaría de Santo Domingo, se instaló a lo largo del otro lado del riachuelo. Mientras tanto, el resto de la infantería, tras atravesar el río, se dividió en dos partes, una se esparció sobre una alta colina al oeste de la ciudad, donde ocuparon unas chozas en ruinas, y la otra fue a desplegarse frente a la pared norte

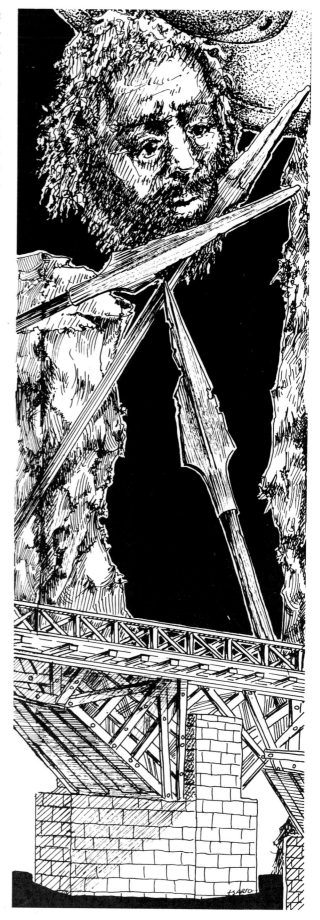

60

de la muralla, la más vulnerable por ser el terreno de un mismo nivel. A ésta se unieron por la noche los cuarenta elefantes, mientras el grueso de la caballería permanecía en el campamento al otro lado del río. La ciudad quedaba así completamente rodeada.

Al día siguiente los soldados del área norte empezaron a abrir una zanja enorme paralela a la muralla, pero lo suficientemente alejada para evitar los proyectiles de los sitiados. Mientras tanto otros levantaban sobre el borde exterior de la zanja una empalizada de troncos cortados en las márgenes del río.

Al ver los de Helmántica la rapidez con que aquellas obras se realizaban y cómo se les cerraba el paso hacia el interior de su propio país, hicieron una salida impetuosa en sus caballos para tratar de impedirlas. Ante aquel tumulto, los soldados cartagineses se retiraron inmediatamente con sus herramientas, y los helmanticenses, sin apearse, empezaron a derribar los troncos de la empalizada abrazándose a ellos y espoleando al mismo tiempo el caballo. Mas, de pronto, de cada extremo de la línea de asedio aparecieron trotando y barritando veinte elefantes que, aguijados por sus jinetes, llegaron hasta el grupo de vacceos. A la vista de aquellos desconocidos e ingentes animales, los caballos, no menos asustados que sus jinetes, se encabritaron, se espantaron o se desbocaron y malamente consiguieron unos y otros volver a refugiarse en la ciudad.

Los trabajos prosiguieron y, a pesar de otra salida nocturna de los sitiados, que lograron incendiar con resina parte de la empalizada, ésta quedó finalmente concluida. Luego, desviando el arroyo aguas arriba, los soldados llenaron de agua la zanja. Los habitantes de Helmántica no tenían escapatoria. La única salida era por el río, pero al otro lado, en territorio extranjero, esperaba la caballería cartaginesa.

Los miembros más ancianos de cada familia se reunieron a deliberar. Unos decían que era preferible morir luchando antes de dejar que el enemigo pusiera las manos en sus posesiones. Otros decían que lo mejor era reducir al mínimo las pérdidas, incluso si esto suponía doblegarse a las condiciones que los cartagineses impusieran, pues era evidente que la ciudad no podía hacer frente a enemigo tan numeroso. En estas dos opiniones estaba dividida la asamblea sin que, después de largas discusiones, se pudiera llegar a un acuerdo, cuando un vejete tomó la palabra y dijo:

—Ambos pareceres deben tomarse en cuenta y por eso yo propongo que, como la batalla la sabemos perdida, lo que tenemos que hacer es evitarla, pero eso sí, sin dar al enemigo lo que busca. Como la única manera de conseguir estas dos cosas es engañarlo, hay que hacer que levante el sitio y luego huir de la ciudad.

Algunos se burlaron de la solución del vejete, pues no veían cómo podía conseguirse que los cartagineses, que tenían ganada la partida, fueran a levantar el sitio; preguntaban otros que adónde podían huir con todo aquel ejército tras los talones, y otros en fin exclamaban que no podían abandonar sus casas y posesiones para que los invasores las tomaran, que antes las quemarían. Y el vejete prosiguió:

—No abandonaremos Helmántica para siempre y no la incendiaremos, pues huiremos de noche sin que el enemigo se entere. Al amanecer, cuando descubran nuestra fuga, ya estaremos demasiado lejos para que nos den alcance antes de refugiarnos en Arbacala. Cuantos más vacceos estemos unidos, más fácil nos será hacer frente a un enemigo extranjero. Nos llevaremos todo lo que tenemos de valor para estar seguros de que el enemigo nos sigue. Ante las murallas de Arbacala nos veremos las caras. En cuanto al levantamiento del sitio, es cosa fácil: mañana prometeremos a los cartagineses lo que quieran para que se retiren.

Estuvo todo el mundo de acuerdo con aquellas palabras, se comunicó al resto de los habitantes la decisión de la asamblea de ancianos y se dio orden general de hacer preparativos para que al anochecer del día siguiente la población entera partiera con todos sus bienes.

Algunos de los más jóvenes querían quedarse a combatir, las madres lamentaban ya la suerte que correrían sus hijos, y algunas viejas —ignorándolo todo— escarbaron paciente y silenciosamente el suelo toda la noche para esconder en el fondo de profundos agujeros sus joyas y vajillas. Se habla todavía en Salamanca de los tesoros de las viejas, algunos de los cuales deben de hallarse todavía bajo las losas de lo que es hoy la catedral vieja.

Al amanecer del día siguiente se abrió la puerta norte de la ciudad y un grupo de ancianos se dirigió pacíficamente hacia el foso y la empalizada. Dieron la voz los centinelas cartagineses, llegó la noticia a la tienda del general y, al rato, se acercaba a la empalizada un grupo de oficiales rodeando a Banón y a Aníbal. Dijeron los helmanticenses que, no deseando sufrir pérdidas ni ocasionárselas a los cartagineses, estaban dispuestos a negociar un acuerdo siempre que fuera justo para ambas partes, a firmar por ejemplo un tratado de alianza con el general cartaginés en cuanto retirara sus tropas al otro lado del río. A lo que respondió Aníbal:

—Vengo en son de paz, pues lo único que busco es hacer amigos entre los pueblos de Iberia, pero, ante el mal recibimiento que nos habéis dispensado, me he visto obligado a sitiar la ciudad.

—También nosotros —dijeron los ancianos— deseamos ser amigos de un hombre tan poderoso, y desde este momento puedes contar con nuestra ayuda, si la necesitas.

—Muy bien —replicó Aníbal—. Desde este momento somos amigos.

Y añadió que, en prenda de tal amistad, deberían darle 300 talentos (unos cinco mil kilos) de plata y 300 rehenes. Los de Helmántica se echaron las manos a la cabeza, invocaron a sus dioses, discutieron, regatearon, pero al fin aceptaron las exigencias del cartaginés, diciendo que las cumplirían en cuanto satisficiera él las condiciones a que se comprometía: levantar inmediatamente el sitio, cubrir el foso y derribar la empalizada y abandonar el territorio vacceo replegándose al otro lado del río.

Volvieron los ancianos a la ciudad y en seguida comenzó la retirada cartaginesa. Para abreviar se fueron derribando secciones de la empalizada sobre el foso hasta cubrirlo completamente, de manera que al atardecer los sitiadores del lado norte abandonaban sus posiciones. Ya habían cruzado el Tormes los otros dos cuerpos de ejército y se habían asentado en su primer campamento. Anochecía cuando los de Helmántica vieron vadear el río a los últimos guerreros. La puerta meridional de la muralla se abrió y un jinete vacceo cabalgó hasta el río, lo atravesó y comunicó a los cartagineses que a la mañana siguiente al amanecer se les llevarían los 300 talentos y los 300 rehenes exigidos. Mientras tanto, por el lado norte de la ciudad, la puerta se abría y sus habitantes empezaban a abandonarla, en primer lugar los niños y las mujeres.

Lo que no sabían los helmanticenses era que el astuto Aníbal había dejado escondido en el foso bajo la empalizada a un grupo de lanceros, y a otro de jinetes en el encinar que se extendía hasta perderse de vista por el norte de la ciudad. Dieron los primeros la alarma haciendo sonar los cuernos, corrieron los segundos hacia la muralla, y al punto dieron media vuelta los que acababan de atravesar el río.

El miedo que se apoderó de los niños y mujeres se transformó en seguida en pavorosa confusión al tratar de refugiarse todos dentro de las murallas, mientras los que iban a salir se lo impedían. Los pocos hombres que habían salido en cabeza no podían hacer frente a los cartagineses y cayeron todos bajo las armas enemigas sin poder recibir ayuda del interior. Pero la breve resistencia que opusieron fue suficiente para permitir que las mujeres y niños consiguieran entrar en la ciudad. La puerta se cerró y con ello las esperanzas de salvación de Helmántica.

Al alba del día siguiente ya estaba casi en pie otra vez la empalizada, la ciudad se hallaba completamente rodeada de guerreros listos para el asalto y, protegidos por manteletes, sendos equipos de artilleros golpeaban sordamente con arietes las puertas norte y sur de la ciudad. Desde la orilla del río contemplaba Aníbal las operaciones. Desde lo alto de las murallas veían los sitiados que esta vez estaban definitivamente perdidos. Pero también estaban decididos a vender caras sus vidas. Esto lo sabía también Aníbal, que temía quedarse sin botín si los habitantes lo destruían antes de morir, y, cuando vio a algunas mujeres gritando a los hombres sobre la muralla, dio órdenes de que se retiraran los arietes y luego envió a Banón a informar a los sitiados: si se rendían, se respetaría la vida a todos los ciudadanos, pero debían dejar todas sus posesiones, ganados, esclavos y armas en la ciudad, y salir uno a uno sin llevar nada encima excepto la ropa puesta. Si no se rendían, la ciudad sería atacada y arrasada y todos los habitantes degollados.

Mucho tardaron los de Helmántica en decidirse, pues temían que el cartaginés no respetara su palabra y, teniéndolos desarmados, los pasara a cuchillo. Pero se impuso la esperanza de vivir sobre el miedo a morir y, hacia el mediodía, la puerta se abrió y los habitantes fueron saliendo uno a uno con las manos vacías y los ojos tristes entre una hilera de lanceros púnicos, al final de la cual dos soldados los iban registrando. Ordenó Aníbal que se los condujera río arriba, al otro lado del arroyo, y mandó a Banón con la compañía de soldados que los escoltaba. Salieron después las mujeres, también una a una, algunas con sus hijos en brazos, y, sin sométerselas a ningún registro, fueron conducidas junto al grupo de los hombres. Cuando todos los ciudadanos hubieron abandonado la ciudad, la dejó Aníbal en manos de sus soldados, que se precipitaron dentro por el botín. Él mismo, caballero en su montura, entró en Helmántica por aquella puerta, que aún hoy los salmantinos llaman Puerta de Aníbal.

Mientras la ciudad era saqueada, sacaron las mujeres las espadas que habían escondido entre las faldas, y se abalanzaron hacia el grupo de los hombres para dárselas. Los soldados, que estaban más atentos a lo que pasaba en la ciudad y a lo que por la puerta salía que a su deber de guardias, se vieron sorprendidos y desbordados por aquel ataque imprevisto y tardaron en reaccionar. Al mismo Banón le arrebató la lanza una de las mujeres y le dio con ella, pero no le atravesó, pues llevaba la coraza puesta. Los hombres aprovecharon el desconcierto de sus enemigos y, tras matar a muchos y hacer huir al resto, escaparon con las mujeres río arriba y se escondieron en las montañas del actual pueblo de Cabrerizos, que en aquellos tiempos, como toda aquella comarca, estaban cubiertas de encinas y carrascales. Algunos, los menos veloces, fueron alcanzados por la caballería que Aníbal envió detrás cuando tuvo conocimiento de lo sucedido, pero la mayoría consiguió escapar a sus perseguidores.

Así fue como las mujeres de Helmántica salvaron a sus habitantes de la esclavitud o tal vez de la muerte, después de que aquella misma mañana de la rendición, en lo alto de las murallas, hubieran instigado a sus maridos a quemar la ciudad y a suicidarse luego en masa. El destino lo dispuso de otro modo y reservó suerte tan aciaga a otras ciudades ibéricas, como Sagunto.

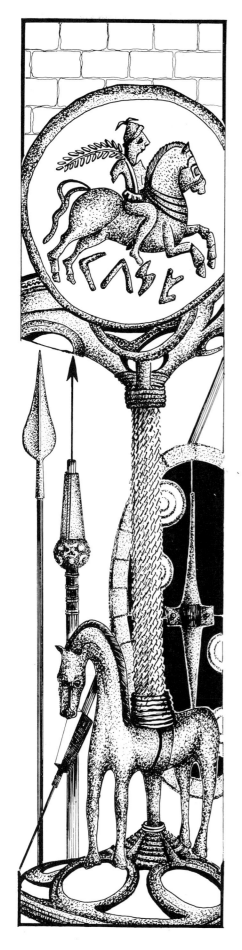

# Ciudades heroicas

La presencia de las tropas cartaginesas en la Península no respondía únicamente a objetivos de conquista y dominación, sino también a su importancia estratégica en la guerra que Cartago libraba contra Roma. Por esta causa se convirtió el suelo ibérico en teatro de operaciones bélicas durante largos años, y ni que decir tiene que los peor parados fueron sus habitantes, que, preocupados por un lado de mantener su independencia y por otro de arrimarse al sol que más calentaba, establecieron alianzas con uno u otro beligerante según las conveniencias impuestas por las vicisitudes de la guerra, y fueron consecuentemente aplastados, ora por los cartagineses, ora por los romanos, o por unos y otros.

Todo empezó con la destrucción de Sagunto por Aníbal en el año 219 a. de C., acontecimiento que precipitó la Segunda Guerra Púnica, que de tanta trascendencia sería para Europa y, más en particular, para los pueblos de Hispania, que ya no recuperarían su independencia: los romanos vinieron para combatir a los cartagineses, pero, una vez que los hubieron vencido, combatieron también a los pueblos iberos para someterlos. Esta actitud, como sucede siempre que un pueblo sufre a un ejército extranjero, no podía inspirar sino hostilidad y odio. A pesar de todo lo que se ha escrito sobre los ulteriores beneficios de la romanización, lo cierto es que los que la sufrieron en su propia carne ni la pidieron ni se les preguntó si la deseaban, sino que se les impuso a despecho de su propia cultura y tradiciones y a menudo con acciones tan brutales que no podían sino engendrar rechazo, odio y ansia de venganza.

Divididos en multitud de estados y tribus, desprovistos de medios comparables a los de los ejércitos invasores, la única defensa de los pueblos ibéricos era la concentración de todas sus fuerzas en núcleos urbanos amurallados, en los que podían refugiarse los habitantes con su familias y ganados en caso de peligro. Si el lugar estaba bien protegido, el ejército pasaba normalmente de largo, contentándose con esquilmar los alrededores, pero, si sus habitantes constituían una seria amenaza o las riquezas que encerraba merecían la pena y el gasto, se organizaba el asedio, en el que se ponían en juego la habilidad y la paciencia de las dos partes y una enorme cantidad de medios humanos y materiales, especialmente los trabajos de fortificación y las máquinas de guerra. Normalmente estas máquinas no se transportaban hasta el lugar de ataque, sino que en su mayoría se construían *in situ* según las necesidades del asedio, la topografía de la plaza que tomar y la disponibilidad de materiales —sobre todo madera y pieles— en los alrededores. Entre las máquinas más usuales cabe mencionar las siguientes:

*El ariete:* tronco enorme rematado en una cabeza de carnero de bronce, con el que dos filas de hombres golpeaban repetidamente la puerta de una muralla o la muralla misma para derribarla.

*El mantelete:* especie de caseta sobre ruedas, alargada y abierta por ambos extremos, que servía para proteger a los hombres que debían acercarse a la muralla, sobre todo los que manejaban el ariete. A veces el ariete estaba suspendido con sogas en su interior, de manera que los hombres no tenían que preocuparse más que de empujarlo.

*La torre:* edificio móvil de madera, de varios pisos y más alto que la muralla, sobre el cual se instalaban máquinas de tiro, como catapultas y balistas, y se escondía gran número de guerreros listos para el asalto. Tanto la torre como los manteletes estaban cubiertos de pieles para evitar el fuego de las flechas incendiarias enemigas.

*La catapulta:* especie de enorme ballesta con que se lanzaban grandes dardos metálicos rematados o no por una cabeza incendiaria compuesta de trapos impregnados de resina y grasa.

*La balista:* suerte de gigantesco tirachinas para arrojar pedruscos y bolsas de guijarros.

Estas dos últimas máquinas funcionaban por resortes fabricados con haces de nervios tensados y sus proyectiles podían lanzarse contra la muralla misma para dañarla o al interior de la ciudad, sobre todo si el proyectil era incendiario.

El hecho de utilizar el mismo principio explica la confusión entre catapultas y balistas, de las que existían diferentes variedades, como el onagro y el escorpión. La diferencia entre estas dos familias de armas era la que separa hoy al cañón del mortero: en las catapultas la línea de tiro era recta y en las balistas arqueada.

Muchas ciudades ibéricas fueron atacadas con estas máquinas. Algunas capitularon, otras prefirieron la destrucción total antes que la ignominia de la rendición. Entre ellas se cuentan Sagunto, Astapa, Numancia y Calagurris.

# La destrucción de Sagunto

Sagunto, independiente y populosa ciudad levantina, cuyas ruinas de época romana todavía se conservan, era dueña de un importante puerto pesquero y capital de un rico territorio. Un pacto de alianza la unía a los romanos, a quienes envió legados en cuanto tuvo conocimiento de que Aníbal se acercaba con su ejército.

Tras una rápida incursión en territorio saguntino, en el curso de la cual destrozaron o se apropiaron las cosechas de la comarca, llegaron los cartagineses a la explanada frente a las murallas de la ciudad, tras las cuales se habían refugiado sus habitantes y los de los alrededores, unas cinco mil personas en total. El ejército de Aníbal contaba, según Tito Livio, con 150.000 hombres. Se distribuyeron en campamentos rodeando la ciudad, excavaron fosos, levantaron empalizadas y en seguida comenzaron los preparativos para el asalto.

En primer lugar se fabricaron manteletes y en seguida se destacaron varios arietes hacia la muralla. Pero los saguntinos estaban esperando encima de ella, que era más alta en aquella parte, y en una torre que la dividía y, en cuanto tuvieron a los cartagineses cerca, dejaron caer sobre ellos toda suerte de proyectiles: piedras, fuego, flechas y jabalinas, de manera que les impidieron acercarse. Una y otra vez trataron los de los arietes de llegar hasta la muralla, y una y otra vez los mantenían a raya los defensores. Tan seguros se sintieron éstos de sí mismos que decidieron atacar en vez de quedarse a la defensiva.

Hicieron pues una salida impetuosa para destruir aquellas máquinas y las que en segunda línea se preparaban, pero la caballería cartaginesa estaba al quite y al punto acudió en apoyo de los artilleros. En la escaramuza que siguió cayeron tantos saguntinos como cartagineses, pero repitieron los primeros este tipo de ataques y a Aníbal, que trotaba cerca de la muralla gritando órdenes a sus soldados, le atravesaron el muslo con una jabalina. Cundió rápidamente la confusión entre los cartagineses, que no sabían a qué atenerse, y a punto estuvieron de perder toda su maquinaria, pero con refuerzos de la retaguardia consiguieron retirarse tras la línea de asedio.

Durante varios días, hasta que la herida de Aníbal se cerró, no se combatió, pero los

carpinteros trabajaron intensamente, mientras, detrás de sus muros, reforzaban también los saguntinos sus sistemas de defensa.

En cuanto se repuso, ordenó Aníbal que los arietes entraran en acción en diversos puntos de la muralla, incluso en algunos de difícil acceso a los manteletes, para dividir las fuerzas de los sitiados. Trataban éstos de neutralizar todos los puntos de ataque multiplicando sus esfuerzos, pero los equipos de zapadores cartagineses se renovaban continuamente. Al cabo de unos días un ariete consiguió abrir una brecha en la muralla y poco después, gracias a otros boquetes, un trecho de ella con los dos torreones que comprendía se derrumbó.

Viendo la ciudad ante sus ojos y sabiéndose ya dueño de las riquezas que guardaba, lanzó Aníbal su infantería al asalto. Mas, si la muralla estaba rota, no así la moral de los saguntinos, que, como los diminutos cuerpecillos que en legiones se apresuran a restañar una herida, se agolparon en aquella parte para repeler al enemigo formando una muralla con sus cuerpos y lanzas. Y no eran menos los cartagineses ni menor su ímpetu, cebado como estaba en el anhelo de recoger presto el fruto ya maduro de sus muchos esfuerzos. Viose allí una verdadera batalla campal en la que, de tan densas filas por ambas partes, ningún dardo, jabalina o lanza se perdía. Enfrentadas por un lado la desesperación, la esperanza por otro, chocaban, forcejeaban, se aniquilaban hinchiendo el corazón de aquellos hombres de valor o cegándolos al peligro del hierro opuesto.

Desenvainadas las espadas en las primeras filas, chirriaba el acero contra los cascos, chispeaban las corazas, caían segadas las cabezas y mutilados los cuerpos. Se apilaban los caídos y sobre ellos combatían los que los reemplazaban sin que por largo tiempo pudiera decidirse la suerte de tan feroz encuentro, pues era igual el empuje por ambos bandos. Los saguntinos, sin embargo, sabían que no podían dejarse vencer, pues la derrota significaba el fin, y, locos de furor, morían pero no retrocedían.

Contaban además con un arma eficacísima: la falárica, una sólida jabalina de abeto curado dotada de una cabeza de hierro de un metro de larga que podía atravesar a un hombre con coraza o sin ella y que llevaba la parte delantera del asta forrada de estopa impregnada de resina, a la que se daba fuego antes de lanzar el arma. La velocidad avivaba la llama y, si no hería al enemigo, lo dejaba indefenso, pues, atravesando el escudo, había que despojarse de él para impedir que la llama lo devorara. Tras las primeras filas, donde se luchaba con espada cuerpo a cuerpo, llegaban, oleada tras oleada, los guerreros saguntinos, arrojaban sus devastadoras faláricas y volvían a tomar otras a la retaguardia, donde un batallón de mujeres las aprestaba dando fuego a las estopas. Así fue como lograron los defensores de Sagunto expulsar de sus murallas a los cartagineses cuando ya los tenían en casa. Y los habrían perseguido si hubieran estado en condiciones de hacerlo, pero aquello no fue una victoria, sino un respiro.

Siguió una larga pausa, que tanto sitiados como sitiadores necesitaban. Los primeros la aprovecharon para reparar la muralla, cosa que lograron trabajando día y noche en ella. En el lado cartaginés, Aníbal reparaba sobre todo la moral de sus hombres, dándoles unos días de descanso y prometiéndoles que podrían repartirse todos los objetos de valor que se encontraran en la ciudad en cuanto la tomaran. Llegó entretanto al puerto una delegación del Senado romano para protestar por el ataque cartaginés a un aliado de Roma, pero Aníbal no quiso ni recibirla.

Su siguiente ofensiva fue general y en gran escala. Prácticamente toda la muralla fue atacada al mismo tiempo, de modo que las fuerzas saguntinas debieron fragmentarse y extenderse por todo su perímetro. Frente al trecho de muralla que daba a la explanada colocó y arrimó Aníbal una torre móvil más alta que la muralla misma y puso en cada piso de ella catapultas y balistas que, disparando continuamente por encima del muro, lo barrían manteniéndolo libre de defensores. Con esta protección artillera, envió luego a quinientos zapadores armados de picos a minar aquella parte de la muralla, que, finalmente, se desplomó. Por la abertura, envueltas en la polvareda del derrumbamiento, se volcaron raudas las tropas cartaginesas y en seguida se hicieron fuertes en una parte alta de la ciudad, apresurándose a acordonarla con obras de fortificación y a montar en ella su artillería. Los saguntinos, por su parte, no estaban dispuestos a seguir perdiendo terreno y, dentro de la ciudad misma, levantaron rápidamente otra muralla con piedra de los edificios cercanos.

Su resistencia desesperada respondía no sólo a la necesidad de sobrevivir, sino también a su fe en Roma, a su firme convicción de que los romanos no los abandonarían, de que si resistían un poco más llegarían refuerzos y se salvarían ellos y sus riquezas. Por un momento respiraron, gracias a una interrupción de las operaciones, pues, habiéndose rebelado los carpetanos y oretanos contra los reclutadores de tropas que al interior del país enviaba Aníbal, viose éste obligado a abandonar el sitio con parte de sus fuerzas para ir a calmar a los sublevados. Mas en seguida se reanudaron los ataques bajo el mando de Maharbal, lugarteniente de Aníbal, y, cuando éste volvió, otro trecho de la muralla era ya escombros. La tenaza del asedio se cerraba poco a poco, los víveres escaseaban, faltaban las armas, los saguntinos estaban solos.

Ordenó Aníbal un ataque hacia el centro, donde se levantaba la ciudadela y una torre inexpugnable, y, palmo a palmo, casa por casa, fueron los sitiados perdiendo terreno en enconadísimos combates en los que los muertos ya no se contaban. Una parte de la ciudadela cayó en manos de los asaltantes, pero los saguntinos no se rendían.

Viendo, sin embargo, que todo estaba perdido y creyendo que llorando a los cartagineses tal vez pudiera salvarse algo, un saguntino de nombre Alcón, sin consultar a sus conciudadanos, atravesó de noche las líneas de combate y se presentó a Aníbal para negociar un acuerdo en nombre de la ciudad. Aníbal le dijo:

—Los saguntinos deben entregarme todo el oro y toda la plata que poseen, dejar todas las demás pertenencias en la ciudad y abandonarla con sólo la ropa puesta, para establecerse en un lugar que les señalaré.

—Antes de aceptar esas condiciones —replicó Alcón— todos los saguntinos preferirán morir. Pero yo, personalmente, no quiero morir. ¿Puedo quedarme aquí?

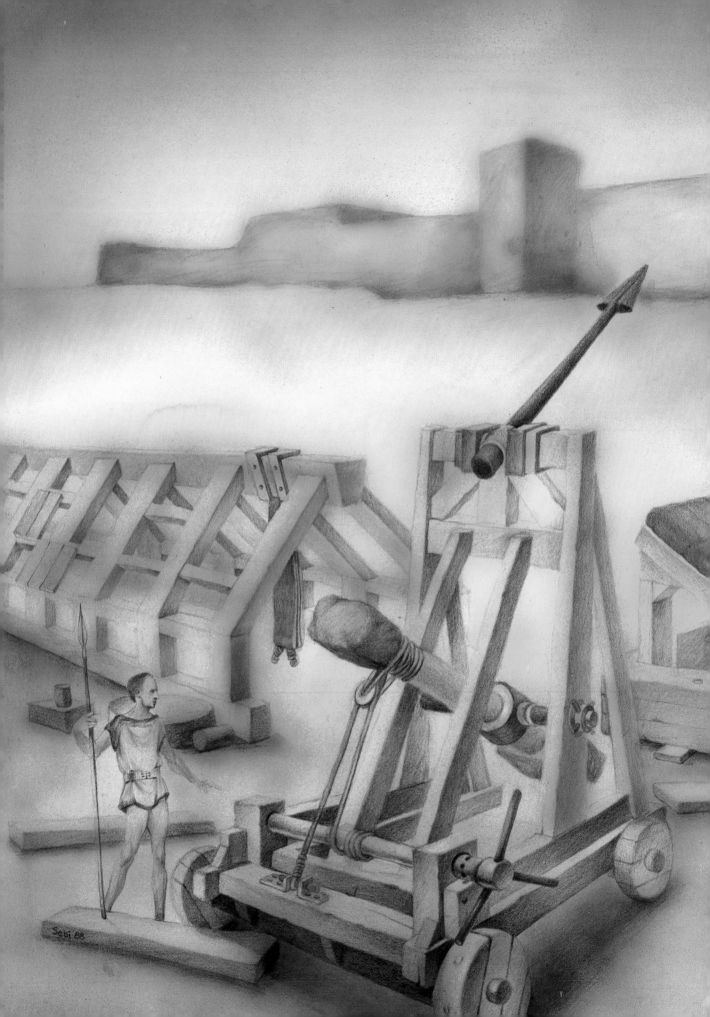

Y así se salvó, quedando como desertor entre los cartagineses.

Para comunicar sus condiciones a los sitiados, les envió Aníbal a otro ibero, Alorco, oficial de su ejército pero que había sido una vez aliado y amigo de Sagunto. Explicó éste a la asamblea de jefes los términos fijados por el cartaginés, y les exhortó a aceptarlos con estas palabras:

—Aceptad sus condiciones aunque os parezcan injustas, pues, si os empeñáis en seguir luchando, no conseguiréis más que las desgracias de la derrota: todos seréis decapitados y vuestros hijos y mujeres serán vendidos como esclavos.

Antes de dar una respuesta, los jefes principales se levantaron, se abrieron paso entre la multitud que se agolpaba fuera de la sala, y se fueron a recoger todo el oro y plata que pudieron encontrar en la ciudad, fuera en bruto o en alhajas, y lo amontonaron en la plaza. Hicieron luego una gran hoguera de troncos, lanzaron en ella todas aquellas riquezas y se arrojaron a las llamas también ellos. Era el principio del fin.

Siguiendo el ejemplo de sus jefes, muchos ciudadanos incendiaban sus casas y se lanzaban al fuego con sus mujeres e hijos. Otros preferían morir con las armas en la mano, haciendo al enemigo el máximo de daño antes de caer. Todos se aferraban a la misma consigna: la muerte antes que la humillación del vasallaje. Cuenta Plinio que una mujer que iba a dar a luz vio cómo su hijo, después de tener ya la cabeza fuera, volvió a refugiarse en su seno negándose a nacer. En medio de aquel frenesí de muerte se oyó un estruendoso golpe que hizo temblar el suelo: era la torre de la ciudadela que, castigada largamente por los arietes, se derrumbaba. Sobre sus ruinas aparecían los soldados cartagineses. Dio entonces Aníbal la orden de asalto, y un río de soldados inundó la ciudad. Unos degollaban a los hombres, pues había orden de no dejar a ninguno con vida; corrían otros tras los niños y mujeres, pues a quien los capturaba le permitía Aníbal quedarse con ellos como esclavos; pero los más entraban en las casas en llamas y temerariamente rescataban de ellas cuantos objetos de valor podían.

Así cayó Sagunto después de ocho meses de heroica resistencia y de miles de vidas sacrificadas.

# Los suicidas de Astapa

Astapa, la actual Estepa (provincia de Sevilla), mantenía relaciones amistosas con los cartagineses y, muy orgullosa de su independencia, nunca se desdijo de ello, incluso cuando la balanza de la victoria se inclinó a favor de los romanos, pues creía en los principios del honor y de la palabra dada.

Antepasados de los grandes bandoleros de la edad moderna, como Diego Corrientes y el Tempranillo, que nacerían o actuarían en la misma zona, se dedicaban los de Astapa a asaltar y desvalijar a quienes transitaban por su territorio y alrededores, sobre todo si eran romanos. Cuenta Tito Livio que mercaderes, soldados y cantineros eran víctimas habituales de sus asaltos, y en una ocasión tendieron una emboscada en un desfiladero de la serranía a un convoy del ejército y lo aniquilaron completamente.

Escipión delegó en su lugarteniente Marcio la operación de castigo contra Astapa. Para un ejército numeroso y bien organizado como el romano, el atacar y tomar esta ciudad no encerraba dificultad alguna, pues ni estaba en lugar particularmente bien protegido, ni sus fortificaciones podían resistir un asalto prolongado, ni era su armamento suficiente o adecuado para hacer frente a la milicia profesional. Esto lo sabían bien sus habitantes, pero también sabían que les sobraba coraje para compensar sus deficiencias, y que había que luchar con lo que tenían y como fuera antes que rendirse. Cuando tuvieron noticia de que las columnas romanas se aproximaban, se recogieron tras sus murallas, cerraron las puertas y esperaron.

A media tarde llegaron las tropas romanas y Marcio ordenó que se asentara el campo y comenzaran los preparativos para el ataque al amanecer del día siguiente. Decenas de miles de soldados entre legionarios y jinetes ocuparon el llano frente a la ciudad y se dispusieron a establecer su campamento. Al ver los astapenses ejército tan numeroso y bien equipado, entendieron que les iba a ser imposible hacerle frente con sus reducidas defensas y convocaron inmediatamente una asamblea.

La decisión de los reunidos fue unánime:

—Antes morir que pensar en pactar con los romanos o rendirse. Si no luchamos, los romanos, para satisfacer su venganza, nos despoja-

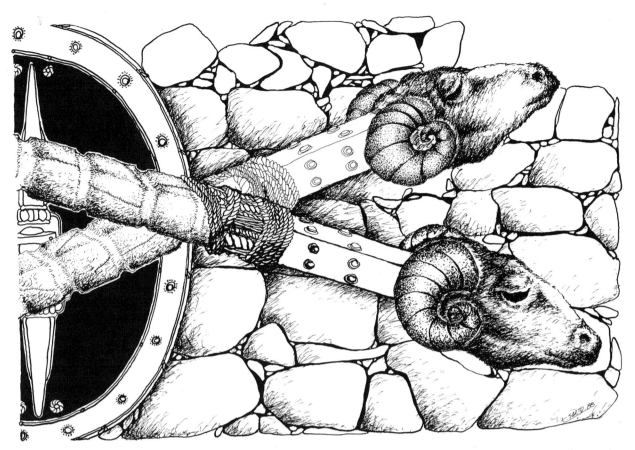

rán de todos nuestros bienes y nos reducirán a la inaceptable condición de esclavos, si no nos matan a todos. Es mejor luchar, pues, aunque no tenemos probabilidad ninguna de salvarnos, moriremos al menos haciendo el máximo de daño al enemigo y privándole de los beneficios de la victoria. Así se enterarán los romanos de quiénes somos los iberos de Astapa.

La autoridad de aquella asamblea era absoluta y su decisión fue comunicada al resto de la población, que la aceptó sin reservas. Acto seguido se ordenó que todos los bienes de la ciudad, alhajas, muebles, vasijas, tapices y otros objetos de valor, fueran amontonados en la plaza sobre haces de leña y troncos, y que se sentaran encima las mujeres y los niños. Y alrededor de aquella montaña en la que se acumulaba todo lo que los astapenses poseían y más querían, colocaron a cincuenta guerreros escogidos y bien armados y les dieron estas órdenes:

—Estad preparados para degollar a estas mujeres y niños y prender luego fuego a sus cadáveres y al tesoro que hay debajo en cuanto veáis que el resultado de la batalla nos es contrario.

Luego, en nombre de los dioses del cielo y del infierno, añadieron:

—Lo más importante en esta vida es la libertad, y más vale morir que perderla, de modo que cumplid con vuestro deber y realizad por vuestra mano lo que el enemigo haría con saña si pudiera.

Y tras estas imperiosas recomendaciones, concluyeron con una maldición contra aquellos que, albergando vanas esperanzas o por falta de valor, no cumplieran el cometido que se les encomendaba. Quedaron los guerreros como solemnes estatuas alrededor del amplio rectángulo en el que mujeres y niños, con el semblante sereno y digno las unas y curioso y juguetón los otros, se apiñaban sobre las riquezas de la ciudad y los troncos y haces de leña, mientras en dos calderos esperaba el aceite ardiendo. Tomando luego sus armas, el resto de los hombres fue hasta la puerta de la muralla, la abrieron súbitamente y se lanzaron fuera como fieras enfurecidas gritando y corriendo en confuso tropel.

Teniendo en cuenta la desventajosa situación de los astapenses, la última cosa que se esperaban los romanos era una salida como aquella, y no se había tomado medida ninguna para prevenirla. Al ver aquella fragorosa avalancha de guerreros, envió Marcio contra ellos las tropas que estaban más a mano, un cuerpo de lanceros y dos o tres escuadrones

de caballería, en lo que se organizaba el resto del ejército. Trotaron los jinetes hasta la irregular línea de los de Astapa decididos a embestirlos, pero la violencia con que fueron recibidos fue tal, que los que no cayeron en el acto con su montura o sin ella hubieron de replegarse y retroceder. Al ver esto, los lanceros que venían detrás se asustaron, cundió entre ellos el desconcierto y, como los astapenses seguían en su frenética carrera, llegaron presto a ellos y continuaron la matanza con impetuoso y desordenado guerrear.

Pero ya estaba lista la más terrible máquina de guerra de la Antigüedad, la legión romana, que, con su muralla de escudos, sus miles de brazos diestros y experimentados y sus poderosas espadas, avanzaba en formación hacia la línea de batalla. No se arredraron por eso los de Astapa, que, enardecidos por lo que ya habían hecho y conscientes de que no se trataba de ganar una batalla sino de vender la vida al más alto precio, se precipitaron ferozmente contra la compacta formación legionaria deshaciendo sus primeras filas y sembrando en ellas la confusión. Era increíble ver cómo fuerzas tan numerosas y regulares eran zarandeadas por un puñado de hombres disparejos, pero impulsados por un espíritu suicida.

Mas al cabo la superioridad numérica de los romanos se hizo sentir, pues los legionarios que retrocedieron fueron dispersándose por los lados y acabaron rodeando a aquel grupo de hombres que, decididos a morir antes que retroceder, seguían batiéndose con inaudita bravura y energía. Fue empero poco a poco atenazándolos el cerco y, cayendo uno tras otro, no al suelo, sino sobre montones de cadáveres enemigos, llegó el momento en que todos ellos yacían bajo los calientes filos de las espadas romanas.

Al no ver más defensor en la muralla ni en la puerta de ella, se apresuraron los romanos a hacer valer los derechos que les otorgaba la victoria, es decir, entrar en la ciudad y pillar sus bienes. Llegaron tarde.

En cuanto los cincuenta depositarios del honor de la ciudad vieron que la balanza de la victoria no podía inclinarse a su favor, se volvieron hacia los cientos de mujeres y niños que custodiaban, los pasaron a todos a cuchillo y dieron luego fuego a los haces de leña. Dice Tito Livio que los torrentes de sangre apagaban casi la monumental hoguera que

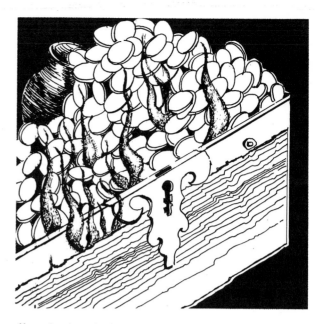

llenaba la plaza de la ciudad. Ardían muebles y tapices, se derretía la plata de las vasijas, se calcinaba el oro de las joyas y, sobre ellos, se tornaban en ceniza los vestidos de los niños y mujeres, crepitaban sus cabellos y chisporroteaba su sangre correteando sobre los leños incandescentes, mientras un nubarrón de humo negro se elevaba por encima de la ciudad como un manto fúnebre. Cumplida su misión, aquellos cincuenta guerreros se arrojaron a las llamas con la espada en la mano. Así murió Astapa, ciudad de los iberos, que prefirió desaparecer completamente antes de dejar a la Historia herederos indignos de su sangre, y que optó por la gloria de la libertad en la muerte antes que por la ignominia de vivir en el vasallaje o la esclavitud.

Cuando los soldados romanos llegaron a la plaza de la ciudad, era toda una brasa. Entre perplejos e indignados constataron que los verdaderos vencedores no eran ellos, pues además de haber perdido a muchísimos hombres, no les esperaba la consolación de ningún botín. Negándose a aceptar esta verdad mientras veían cómo el oro y la plata les hacían guiños entre las llamas, se acercaron ávidamente a la hoguera y trataron de rescatar de ellas algunos de los objetos preciosos que el fuego devoraba. Pero tras ellos venían otros, y otros, y otros que, deseosos todos de llevarse algo, empujaban por detrás a los primeros, de manera que, víctimas de su avaricia —póstuma victoria de los de Astapa—, cayeron muchos en las llamas y perecieron abrasados en ellas.

# El cerco de Numancia

En el año 151 a. de C. el cónsul Lucio Licinio Lúculo perpetró en Cauca, ciudad vaccea vecina y aliada de los celtíberos, cuya capital era Numancia, un crimen inolvidable. Tras atacar Cauca, acudieron a él sus dirigentes con ramos de olivo en son de paz para aceptar sus condiciones. Les exigió rehenes, una gran cantidad de plata y la caballería de la ciudad, además del derecho de colocar en ella una guardia romana. Cumplieron los de Cauca lo que se les exigía, puso él en las murallas a dos mil soldados y, a una orden suya, sonó la trompeta, entró el resto de sus hombres en la ciudad y entre todos pasaron por las armas a todos los varones.

Actos como éste obligaron a los pueblos hispanos, y en este caso a los celtíberos, no ya a sospechar de las intenciones de los romanos, sino a enfrentarse a ellos tratando de mantenerlos lejos. Por su situación, el papel de Numancia en este aspecto era decisivo. Por su parte, los romanos sabían que tenían que conquistar Numancia para poder controlar el valle del Duero, y contra ella enviaron, uno tras otro y en el espacio de dieciséis años, nada menos que a cinco cónsules al mando de sus mejores ejércitos. De todos ellos sólo uno no salió malparado, y logró establecer un pacto favorable con Numancia. La aventura del último de ellos, Gayo Hostilio Mancino, coronó de manera vergonzosa la serie de fracasos de Roma ante Numancia.

Tras la derrota total de su ejército, Mancino huyó y logró refugiarse en su campamento, adonde le siguieron los de Numancia. Allí hubo de firmar un tratado en el que los numantinos eran considerados iguales a los romanos. Al tener noticia de estos acontecimientos, el senado romano anuló la validez de su tratado, llamó a Mancino, lo juzgó, lo declaró indigno del nombre de romano y lo devolvió a Hispania, donde fue entregado desnudo a los de Numancia, que lo rechazaron. Luego el Senado envió contra la irreductible ciudad a su general más famoso y capacitado, Escipión Emiliano, que trece años antes había terminado para siempre con la civilización cartaginesa al arrasar hasta los cimientos a su capital, Cartago.

Llegó, pues, Escipión a la Península, tomó el mando de los ejércitos romanos en Hispania y en seguida los reorganizó: expulsó de ellos a mercaderes, prostitutas y adivinos y les impuso una disciplina dura con muchos ejercicios y entrenamiento en técnicas de asalto. Cuando consideró que los sesenta mil hombres de que disponía estaban bien preparados, se dirigió con ellos hacia Numancia. Las tropas numantinas salieron a su encuentro con ánimo de guerrear, que lo llevaban bien empapado de *caelia* —una especie de cerveza—, con sus capas negras, sus escudos de mimbre, sus bandas de pelo cubriendo las piernas, sus cascos de bronce con rojos penachos, sus espadas de doble filo y sus finos puñales. Pero Escipión los evitó, pues no quería cometer el error de sus predecesores. Su estrategia era distinta y no tenía prisa en atacar. Hizo primero una incursión en territorio vacceo para destruir los suministros de grano que desde allí podrían llegar a los numantinos, y luego se acercó a Numancia, aquella ciudad invencible que, protegida por el alto peñón donde se hallaba, por los dos ríos (el Duero y el Merdancho) que en buena parte la ceñían, y por los muchos barrancos y bosques de los alrededores, había desafiado y humillado a los ejércitos más grandes de Roma.

Escipión sabía que incluso él con su nutrido ejército tendría dificultad en vencer a aquel pueblo orgulloso y fiero en tan inaccesible lugar, y por eso obró con paso seguro. Construyó dos grandes campamentos amurallados, uno al norte y otro al sur del elevado peñón que ocupaba la ciudad, y otros cinco fuertes más pequeños a este y oeste, de manera que el enemigo quedó prácticamente rodeado. Luego levantó una empalizada todo alrededor de las murallas de la ciudad y como a unos cien metros de ellas, para evitar las armas arrojadizas que pudieran lanzarse a los obreros desde las almenas. Protegidos además por brigadas de soldados, los equipos de obreros avanzaban irremisiblemente a pesar de los frecuentes ataques de los numantinos, y finalmente la empalizada quedó terminada. Al mismo tiempo que la empalizada y paralelo a ella se abrió un amplio foso, salvo en aquella parte en que el río mismo servía de foso, pues la empalizada seguía su orilla un buen trecho.

Mas esta extensa barrera no la destinaba Escipión sino a proteger la construcción de otra más sólida que unía sus siete campamen-

tos y que medía un total de nueve kilómetros. Esta segunda barrera comprendía primero un foso, luego una empalizada y finalmente una muralla de piedra de tres metros de altura y cuatro de espesor en la base y dos y medio en la parte superior. Cada treinta metros tenía esta muralla una torre hacia el lado de la ciudad, y en cada torre se colocó una compañía de artilleros con sus catapultas y balistas. En los trechos entre las torres se dispuso un arsenal de piedras, jabalinas y lanzas con hombres para utilizarlas. Y en los muros de los fuertes se situaron los honderos y arqueros. Además estableció Escipión un servicio de comunicación rápida por medio de mensajeros que pasaban cualquier tipo de información de una torre a otra y así a lo largo de toda la muralla. En caso de peligro, la guardia correspondiente en cada torre agitaba una bandera roja si era de día o una antorcha si de noche. En total había continuamente veinte mil guerreros sobre los nueve kilómetros de muralla y otros diez mil en el suelo dispuestos a relevarlos, mientras que la otra mitad del ejército se concentraba en los fuertes. Toda esta fuerza militar sitiaba a una ciudad defendida por sólo cuatro mil hombres.

Viendo los numantinos que el enemigo rehuía el combate abierto y que no podían obstaculizar las obras de asedio, trataron por todos los medios de romper el cerco, pero sus ataques contra aquella inmensa fortaleza eran en vano: en seguida todo el sistema de alarma y de defensa se ponía en marcha y todo aquel aparato de hombres y de máquinas se volcaba contra ellos. A la imposibilidad de salir se sumaban los problemas de abastecimiento. El asedio comenzó a principios del invierno y pronto empezaron los sitiados a sentir sus rigores. Y recibir víveres y ayuda del exterior no era fácil. Por la noche o en los días de niebla o lluvia se arriesgaban algunos a salvar la primera empalizada y, nadando o en barcas improvisadas, se dejaban llevar por la corriente del Duero y atravesaban así la barrera enemiga. Y de la misma manera volvían con lo que podían. Pero Escipión no podía permitir esto. Ante la imposibilidad de construir un puente por las adversas condiciones del terreno, erigió a cada lado del río una torre, las unió con cables, y de ellos suspendió una barrera de grandes maderos erizados de hojas cortantes y puntas de lanza, que la corriente

agitaba continuamente. De este modo toda salida de la ciudad era imposible.

Cuando los sitiados se convencieron de que no tenían escapatoria y de que su única esperanza estaba en la ayuda del exterior, en un ejército que atacara a los romanos desde fuera mientras ellos lo harían desde dentro, decidieron sus jefes una última tentativa para conseguirlo. El más distinguido de ellos, Retógenes, hombre valiente y resuelto, abandonó la ciudad una noche de niebla junto con cinco compañeros y otros tantos ayudantes y caballos. Franquearon sin dificultad la primera barrera y se acercaron sigilosamente a la segunda. Salvaron el foso y la empalizada y se encaramaron uno a uno a la muralla. Luego, sin hacer ruido, mataron a la guardia y, cuando se aseguraron de que no se daría la alarma, colocaron los largos tablones que sus ayudantes traían apoyándolos sobre el muro hasta formar una especie de rampa. Por ellos hicieron subir y luego bajar a sus caballos, previamente amordazados, mientras los ayudantes volvían a la ciudad.

Cabalgaron toda la noche por territorio arévaco, pidiendo a las diversas ciudades que se unieran y acudieran en su ayuda. La mayor parte de ellas se negaban por miedo a las represalias de Escipión, pero en Lutia, ciudad

a unos cincuenta kilómetros de Numancia, los hombres jóvenes, deseosos de batirse contra el ejército invasor, dijeron que sí, que ellos estaban dispuestos a marchar contra los sitiadores. Mas algunos ancianos, temerosos de las consecuencias, y sin imaginar las que su acción provocaría, mandaron rápido conocimiento a Escipión de lo que pasaba. Llegó el general romano al amanecer del día siguiente y amenazó con destruir la ciudad si no se le entregaban todos los jóvenes. Se le entregaron los cuatrocientos que en la ciudad había, les cortó a todos las manos y regresó inmediatamente a Numancia.

Este fracaso y las crecientes penalidades que cada día sufrían aconsejaron a los numantinos la vía diplomática, tratar de llegar a un acuerdo con los romanos. Enviaron, pues, a seis hombres, encabezados por Avaro, para que discutieran con Escipión las condiciones en que aceptarían la rendición. Avaro habló así:

—Nada malo hemos hecho, pero nos hallamos en esta miserable situación porque queremos a nuestras mujeres, a nuestros hijos y a nuestra patria. Como no nos queda más remedio que elegir entre dos males, esperamos que el que nos impongas sea el más humano y el más llevadero. Tú eres quien decide si acepta-

mos una rendición honorable o si morimos todos en una lucha final.

A lo que replicó Escipión:

—Entregadme todas vuestras armas y la ciudad, y aceptad la condición de prisioneros.

Regresaron Avaro y sus compañeros de embajada con esta respuesta, y sus conciudadanos se enfurecieron tanto al oírla, que los mataron a todos. No podían consentir separarse de sus armas y mucho menos entregar su ciudad. Antes preferirían la muerte.

Y la muerte llegaba lentamente. Al cabo de meses de asedio, el grano y los ganados que habían acumulado al principio se habían agotado y el hambre los atenazaba tanto como el cerco mismo. Empezaron entonces a comer todo aquello que, aun no siendo normalmente comestible, se mastica. Tras terminar con los caballos, que ya para otra cosa no servían, comieron también sus pieles, recociéndolas, y luego todo lo que de cuero había, y raíces, ramas, hierbas, todo lo que podía darles la ilusión de que se alimentaban.

La ciudad ofrecía un aspecto espantoso, toda sucia y maloliente como inmunda madriguera, sin un árbol, sin una brizna de hierba, sin un pájaro, sin una lagartija, poblada sólo de seres macilentos y esqueléticos. A estos cadáveres vivientes la necesidad los llevó a descuartizar los de aquellos que mataba el dolor de verse acabar y, cociéndolos en trocitos, los devoraban. Y cuando, con los primeros calores, llegó la enfermedad y se cebó en muchos acelerando así su fin, pudieron los demás saciarse, si no de sus menguadísimas carnes, sí de sus inflamadas vísceras. Mas la repugnancia de devorar carne enferma y putrefacta cegó a aquellos hombres y mujeres y, enloquecidos por ella y por los salvajes desgarrones del hambre, dieron en matarse unos a otros, y el fuerte se comía al débil, y el grande al chico. Era como si aquel pueblo quisiera consumirse, devorarse a sí mismo y sus horrores, y no dejar al enemigo más que los últimos excrementos.

Al cabo de ocho meses de asedio, y cuando ya Numancia no era más que un cementerio y sus habitantes una legión de espectros que deambulara entre sus tumbas abiertas, decidieron algunos liberarse de aquel horror por el de aceptar las condiciones de Escipión. Salieron, pues, a parlamentar y les indicó él el lugar donde debían depositar sus armas y entregarse. Pidieron un día para hacerlo, pero tardaron tres, pues muchos se negaban a aceptar humillación tan grande después de todo lo que habían pasado y la consiguiente ignominia de considerarse vencidos. Se despeñaban unos desde las murallas, se arrojaban otros a las llamas de sus casas incendiadas, se envenenaban otros, y se atravesaban los más el corazón con aquellas armas de que no querían separarse.

Los que quedaron, llegado el momento de la rendición, salieron por la puerta de la ciudad en patética hilera: cuerpos convertidos en escuálidas piltrafas, greñas y uñas crecidas y sucias, rostros cadavéricos roídos de llagas y cubiertos de roña, manos esqueléticas y mugrientas, andrajos zurcidos por la inmundicia, piernas amojamadas y renqueantes, y, en los ojos, hundidos y resecos, un brillo pálido de agotamiento, de dolor y de odio, que hendía el pestilente y espeso hedor que a aquel espeluznante cortejo arrebujaba.

De entre los que mejor andaban apartó Escipión cincuenta para que, debidamente alimentados, adornaran su marcha triunfal en Roma. Vendió luego el resto como esclavos, arrasó la ciudad hasta los cimientos y repartió sus territorios entre los pueblos vecinos. Así acabó la resistencia celtíbera a las legiones de Roma.

# Los caníbales de Calagurris

Esta ciudad, hoy Calahorra (provincia de Logroño), asentada muy cerca del Ebro sobre uno de sus afluentes, constituye junto con Sagunto, Astapa y Numancia el sórdido emblema de sufrimientos y horrores que las guerras de conquista de la España antigua dejaron a la posteridad como testimonio de la entereza y heroísmo de sus moradores. La suerte de Calagurris fue más trágica, si cabe, pues su sacrificio fue en solitario y fuera ya de lugar, cuando toda resistencia era inútil. Pero es precisamente esta gratuidad la que confiere dimensiones heroicas a la última lucha de aquellos hombres que hasta el fin y por todos los medios defendieron el honor de la fe jurada. Pues los calagurritanos no combatían sólo por su propia independencia, sino por fidelidad a la memoria de un general romano, Sertorio, que, rebelándose contra Roma, se puso del lado de los pueblos hispanos hasta que, como veremos más adelante, la traición acabó con él. Sus seguidores se dispersaron, y Pompeyo, que lo había combatido sin éxito, se apresuró a hacer los preparativos para regresar a Roma. En ello estaba cuando le llegaron noticias de que los calagurritanos seguían en pie de guerra en nombre de su antiguo jefe y que se habían hecho fuertes tras sus murallas. Decidido a dar una rápida lección a aquellos rebeldes que en más de una ocasión le habían derrotado cuando formaban parte de las tropas de Sertorio, subió a lo largo del Ebro con su ejército y pronto se halló frente a la ciudad. Pronto también comprendió que sus fortificaciones iban a detenerle más tiempo del que imaginaba.

En efecto, estaba la ciudad protegida por una elevada muralla, que la ceñía completamente, y por el Cidacos, que la bordeaba por un lado. En cuanto los habitantes tuvieron noticia de que las legiones romanas se acercaban, comprendieron que no podrían hacerles frente y que la única manera de evitar la derrota era recogerse en la ciudad y esperar que el enemigo no los considerara tan importantes como para perder el tiempo asediándolos, o bien resistir sus ataques hasta el final. Hicieron, pues, acopio de tanta cantidad de grano y leña como pudieron, reunieron sus ganados y se recogieron todos en la ciudad. Pero Pompeyo, el gran Pompeyo, no había hecho aquel viaje para pasar adelante, sobre todo cuando supo que los calagurritanos habían tratado de sublevar contra él a los pueblos de la comarca. Envió a un oficial a ordenarles que se rindieran al punto, y que entregaran sus armas si no deseaban sufrir el último castigo.

Orgullosos como los numantinos, respondieron así los de Calagurris:

—Aquí nadie se rinde a un romano, y mucho menos al chaval a quien nuestro jefe vapuleó tantas veces. (Sertorio llamaba «chaval» a Pompeyo, que tenía sólo veintinueve años cuando llegó a Hispania.)

Mucho contrarió esta respuesta al romano, no sólo por lo humillante que era que le recordaran a Sertorio quienes además se decían sus herederos, sino también porque retrasaba su regreso a Roma. En consecuencia ordenó que el ejército acampara y que se prepararan manteletes y arietes para derribar las murallas lo más pronto posible. Dos días después ocho arietes bien protegidos se dirigían hacia la muralla para atacarla por varios sitios. Pompeyo confiaba en que, en cuanto vieran parte de sus defensas destrozadas, los sitiados se rendirían. Pero se equivocaba.

Algunos arietes, los que se acercaron por aquella parte en que el terreno era más llano, no pudieron ni entrar en funcionamiento, pues una nube de guerreros, que esperó hasta el último momento, saltó desde las murallas al suelo ayudándose de un sinfín de cuerdas que de las almenas colgaban y destrozó a los artilleros antes de que pudiera llegar el apoyo de la caballería, que, cuando se acercó, fue para recibir a su vez una andanada cerrada de jabalinas que, cayendo desde lo alto de las murallas, atravesó o hizo huir a los jinetes. Ante este inesperado y desconcertante contraataque, envió Pompeyo a la infantería contra los que se hallaban al pie de la muralla. Pero, en cuanto éstos vieron acercarse a los legionarios, asieron sus cuerdas y, ayudados desde arriba, treparon por ellas como volatineros. Los legionarios hubieron de darse la vuelta.

Mientras tanto, allí donde el terreno era más accidentado, esperaron los defensores que los arietes empezaran a golpear el muro para dejar caer sobre los manteletes que los protegían gran cantidad de gruesos pedruscos, que los quebraban, y luego jarros de

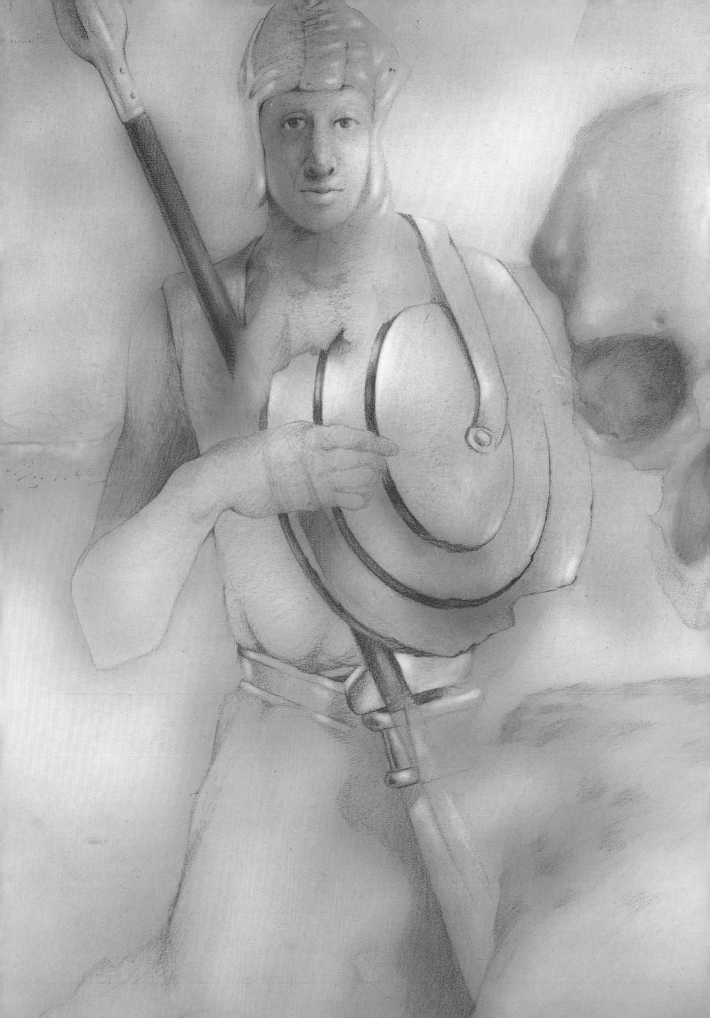

aceite hirviendo que hizo correr por el campo a los artilleros. El arrojo y fiereza de los calagurritanos era increíble. Hubo uno que, suspendido con cuerdas por los pies, fue descendido hasta un ariete, al que consiguió abrazarse y levantarlo en vertical al tirar de él sus compañeros.

Pompeyo no quería perder tiempo, pero comprendió que debía detenerse allí más de lo que había pensado. Dio órdenes de que cesaran las operaciones y que se comenzara rápidamente la construcción de dos torres con puentes de asalto. Creía que con esto sería suficiente, pues la fabricación de balistas y catapultas o el transportarlas desde Tarraco llevaría demasiado tiempo. Diez días después ya estaban las torres listas. Cubiertas de pieles, para protegerlas del fuego enemigo, fueron llevadas una tarde sobre gruesos rodillos hasta unos cincuenta metros de la muralla. Hasta ella habría que empujarlas a la mañana siguiente y se realizaría entonces el ataque.

Pero toda la noche y desde que las vieran plantadas frente a la ciudad estuvieron los defensores excavando una galería subterránea desde el borde interior de la muralla hasta el lugar que ocupaba una de las torres. Faltaba ya poco para el amanecer, cuando la tierra se abrió exactamente bajo la torre, el agujero fue haciéndose cada vez más grande y apareció

finalmente la cabeza de un guerrero. A poco salían por el agujero, uno tras otro, hasta cuarenta hombres que, protegidos por las sombras mismas de la torre y como movidos todos por el mismo impulso, se colocaron a lo largo de un lado de ella, introdujeron sus robustos brazos bajo el madero principal y, con un esfuerzo vigoroso y común, la levantaron por aquella parte hasta que, perdiendo el equilibrio, se inclinó y con estrepitoso estruendo fue a dar sobre la otra, destruyéndose y derrumbándose ambas en mil pedazos, mientras los calagurritanos corrían hacia la puerta abierta de su ciudad, que en seguida se cerró, y gritaban la alarma los atónitos soldados de la guardia.

No acababa Pompeyo de aplacar sus iras cuando, a la noche siguiente, los sitiados le hicieron una jugada aún más audaz y perjudicial. Pues, amparados por la oscuridad, cuatro calagurritanos se deslizaron por la muralla que daba al río, lo atravesaron a nado, dieron un rodeo hasta la parte trasera del campamento, sorprendieron a dos centinelas y los inmovilizaron. Tras separarlos, les preguntaron la contraseña, dieron los dos una respuesta distinta, en lo que vieron que al menos uno mentía, y los amenazaron con cortarles el cuello si no decían la verdad. Cuando obtuvieron la misma respuesta de los dos entendie-

ron que aquélla tenía que ser la buena, les cortaron el cuello de todos modos, se pusieron dos de ellos sus cascos y, como conocían bien la disposición y funcionamiento de un campamento romano, por haber servido bajo Sertorio, llegaron sin dificultad a aquella parte donde se almacenaba la paja para la caballería y las bestias de carga, que dormían cerca. Dieron fuego a la paja hiriendo sus pedernales, se propagaron las llamas, se asustaron los animales y salieron en estampida, se oyeron gritos de alarma, cundió la confusión y, entre los daños del fuego y los destrozos de las pezuñas de mulos y caballos, quedó medio campamento destruido.

Creyóse al principio que aquel desastre se había producido accidentalmente, pero luego se descubrieron los cuerpos degollados de los dos centinelas y entonces comprendió Pompeyo que aquellos guerreros eran más peligrosos de lo que parecían. Recordó lo que sabía de la victoria de Escipión en la cercana Numancia y cambió de planes. Dio órdenes de que se construyera alrededor de las murallas de la ciudad un foso y una alta empalizada y que se eliminara toda posibilidad de entrar o salir de ella. El hambre sería su mejor arma.

Y lo fue. A pesar del valor que los sitiados derrocharon intentando romper el cerco, un cerco verdaderamente impenetrable. Pues, sobre una plataforma adosada a la muralla por su parte exterior, se situó una fila cerrada de arqueros y tras ella otra de lanceros y, en una serie de torretas distribuidas de trecho en trecho a lo largo de la empalizada, se colocaron puestos de observación y compañías de honderos. Todo este equipo de hombres se relevaba cuatro veces al día para que se mantuviera siempre fresco y listo para actuar. En cuanto algún guerrero de la ciudad sitiada se aventuraba fuera de las murallas, una descarga de flechas se abatía sobre él. Y si varios lo hacían al mismo tiempo, corriendo en diversas direcciones para desconcertar a los arqueros, caían luego bajo el plomo certero de los honderos, aquellos honderos baleáricos que se entrenaban desde niños y a quienes sus padres daban pan sólo cuando acertaban en el blanco. Y si conseguían algunos atravesar todo el campo cubierto por arqueros y honderos y llegar hasta el foso, tenían que enfrentarse a las jabalinas que los lanceros les arrojaban desde lo alto de la empalizada. Lograron varias veces los calagurritanos esquivar esta triple barrera de proyectiles y llegar hasta la empalizada, pero en el camino habían dejado ya buena parte de sus fuerzas, y sus esfuerzos para derribarla resultaban siempre infructuosos.

85

Al cabo de dos meses de asedio los víveres que habían acumulado al principio se habían agotado, el hambre empezaba a atarazarlos, y sus tentativas por salir de aquel encierro fueron más desesperadas. Una noche de lluvia un equipo de hombres salió de la ciudad y se dirigió a la empalizada dividiéndose en tres grupos. Uno se colocó frente al espacio entre dos torres y otro frente al espacio contiguo, de modo que, al darse la alarma, los soldados de la torre que quedaba en el medio se dividieron colocándose ellos y sus antorchas a un lado y otro, dejando así sin luz y sin defensa la parte frontal. Hacia allá se encaminaron los cuatro hombres del tercer grupo de calagurritanos, que, protegidos por el ruido de la lluvia y mientras sus compañeros gritaban, lanzaban jabalinas y morían distrayendo así la atención del enemigo, treparon hasta la torre y, tras apuñalar a los soldados que la defendían, saltaron al otro lado y trataron de escapar entre la confusión de tropas que hacia allí acudía.

Tres cayeron en el camino, pero el cuarto, aunque herido, consiguió escabullirse, llegar al río, lanzarse a él y nadar, nadar, nadar hacia el Ebro. Su misión, la misión de aquel grupo del que sólo se salvó él, era conseguir ayuda de las ciudades del otro lado del Ebro, convencerlas de que tenían que unirse, enviar a sus guerreros contra los sitiadores de su pueblo, distraerlos un tiempo, el suficiente para que los sitiados contraatacaran y destruyeran la empalizada. Pero nada de esto sucedió. Al amanecer un pescador encontró el cuerpo transido y ahogado de aquel hombre junto a un mechón de juncos que se adentraba en el río.

Ese mismo amanecer recogieron los sitiados del lugar donde cayeran los cuerpos sin vida de aquellos conciudadanos suyos que se habían sacrificado en el intento de salir por ayuda exterior. ¿Habrían conseguido los otros atravesar la línea enemiga? ¿Habrían obtenido ayuda de los pueblos vecinos? ¿Cuándo llegarían con ella? No quedaba más que esperar.

Pasaron los días lenta, ansiosamente y el aspecto amenazador y siniestro de la empalizada no cambiaba. Nada sucedía tras aquel silencioso círculo de soldados. No había nada que esperar ni nada que comer. De vez en cuando una partida de hombres desesperados y trastornados por el hambre se lanzaba a la muerte tratando de matar al menos a algún romano por la satisfacción de no morir solos. Y al alba salían las mujeres viejas a recoger sus cadáveres. Fue entonces cuando, perdida toda esperanza, pero resueltos a resistir hasta el fin, a no rendirse, a negar la victoria al enemigo, fue entonces cuando aquellos seres, celebrando una extraña y nefanda comunión, dieron, como los de Numancia, en alimentarse de los cadáveres de quienes caían bajo las flechas y lanzas romanas. Absorbiendo así el cuerpo de los suyos, sentían recibir también su espíritu, y que uno y otro les daban fuerzas para continuar oponiéndose al enemigo.

A poco, cuando vieron que consumiéndose unos a otros podían prolongar la resistenia, posponer aún más el impensable momento de la victoria enemiga, decidieron fríamente llevar la lógica de tal descubrimiento hasta el último límite. Y en una mañana degollaron a todas sus mujeres y niños para transformarlos en comida y —se decían— para ahorrarles al mismo tiempo la horrible suerte a la que el enemigo los destinaría si cayeran en sus manos. Y, como si se tratara de una enorme matanza, descuartizaron aquellos cuerpos y los hicieron tasajos. Y para conservarlos lo más posible, aprovecharlos íntegramente y evitar que se pudrieran, echaron los tasajos en sal. Así, con aquel nefando manjar, como le llama el historiador Salustio, pudieron los guerreros calagurritanos resistir un mes más en pie de guerra e intentar ataques y salidas, que resultaron estériles como las anteriores. Luego, cuando hubieron consumido todo, volvió el hambre a torturarlos.

Pompeyo, que sabía que el tiempo estaba de su parte, esperó el momento oportuno. Cuando vio que aquellos hombres no tenían ya fuerzas ni para lanzar sus jabalinas, abrió parte de la empalizada, dio la orden de asalto y sus soldados derribaron sin grandes dificultades la puerta de la ciudad y entraron en ella. En lo alto de las murallas encontraron a cientos de guerreros exhaustos, pero aferrados a sus armas y listos a utilizarlas. La lucha fue breve, pues los más cayeron al primer ataque de los legionarios. Al resto ordenó Pompeyo matarlos a todos. Y que se diera fuego a la ciudad.

Ardió, pues, Calagurris y con ella los huesos de sus obstinados habitantes.

# Contra Roma

La Península Ibérica, que sufrió primero la invasión de los ejércitos cartagineses y luego la de los romanos contra los cartagineses, hubo de ver finalmente sobre su suelo las luchas de romanos contra romanos, cuando éstos, divididos por guerras internas, extendieron sus querellas fuera de Italia. Casi dos siglos de guerra más o menos intermitente, a lo largo de los cuales las instituciones de Roma fueron implantándose progresivamente hasta hacer del país una colonia romana. Dividida finalmente en tres provincias (Tarraconense, Bética y Lusitania) fue Hispania parte muy importante del Imperio por los ricos recursos mineros, agrícolas, pesqueros y humanos de que disponía, y que la metrópoli necesitaba. A cambio de estas riquezas recibió la Península los beneficios de una sociedad más evolucionada, tanto en el campo de la técnica como en el de las instituciones sociales.

Pero, si el progreso y la paz estable llegaron por fin como corolario de la autoproclamada misión civilizadora de Roma, fue a costa del sacrificio de la identidad individual de muchos y muy diversos pueblos con creencias y tradiciones muy arraigadas, y sobre todo muy amantes de su independencia, como lo muestra por una parte la resistencia heroica de las ciudades sitiadas que acabamos de describir, y por otra la indomable rebeldía de los jefes iberos, que, con medios muy inferiores a los del invasor, consiguieron mantenerlo a raya e infligirle humillantes derrotas.

Desde los primeros caudillos, Indíbil y Mandonio, que se enfrentan al ejército romano ya en el año 211 a. de C., hasta el ibero airado que mata al legado imperial ya en tiempos de Tiberio (primer tercio del siglo I d. de C.), una larga serie de hombres mostrarán su inquebrantable voluntad de luchar contra Roma. Muchos de ellos, como los cántabros, que sólo fueron sometidos cuando el emperador Augusto en persona fue a combatirlos por tierra y mar con un nutridísimo ejército, carecen de nombre en los relatos que de ellos nos han dejado los historiadores antiguos. Otros son conocidísimos por sus cualidades humanas y por el serio peligro que supusieron para los romanos: el héroe lusitano Viriato, y el romano Sertorio, que, simpatizando con el carácter ibero, se rebeló contra el despótico poder de Roma y consiguió hacer de la Península una especie de estado independiente con el apoyo y satisfacción de los pueblos hispanos.

# Indíbil y Mandonio

En tiempos de la Segunda Guerra Púnica, los dirigentes más poderosos entre los muchos de la Península eran los hermanos Indíbil y Mandonio, reyes de un vasto territorio, el de los ilérgetes, que se extendía al norte del bajo Ebro con su centro en la capital Ilerda (Lérida).

Un hermano de Aníbal, Asdrúbal (distinto del que hizo matar a Tagus, página 53), estableció pactos de alianza con los pueblos del interior peninsular, entre ellos los ilérgetes. Pero a poco, acusó Asdrúbal a Indíbil y Mandonio de infidelidad a lo pactado y, para asegurarse de que no le traicionarían, les exigió en prenda una importante cantidad de plata además de las hijas del primero y la esposa del segundo, que fueron trasladadas en calidad de rehenes a Carthago Nova, capital, como hemos visto, de los cartagineses en España.

Fuera por no perderlas, por ventajas político-militares o por ambas cosas, los reyes ilérgetes cumplieron lo estipulado en el tratado de alianza y lucharon para las cartagineses durante ocho años, ya haciendo la guerra a otros pueblos de la Península aliados de los romanos, ya combatiendo a éstos al lado de los cartagineses, a veces de manera decisiva. Así, por ejemplo, al mando de siete mil quinientos guerreros, acudió Indíbil hasta el Guadalquivir para unirse al ejército cartaginés y a la caballería africana del rey Masinissa, y entre todos destruyeron al ejército romano de Publio Cornelio Escipión padre y de su hermano Cneo, que murieron ambos en la batalla.

Pero al mando de sus nuevas tropas en Hispania mandó el Senado romano a un hombre de otra talla, a Publio Cornelio Escipión hijo, que derrotaría finalmente al mismísimo Aníbal en la batalla de Zama (tras lo cual le llamarían el Africano), y que poco después de llegar a la Península se distinguió por una notabilísima hazaña: en un solo día se apoderó de la inexpugnable Carthago Nova, donde se encontraban, entre muchos otros rehenes, las hijas de Indíbil y la esposa de Mandonio.

Los rehenes que de toda la Península guardaban los cartagineses para asegurarse la lealtad de los pueblos de donde procedían pasaron, pues, a manos de Escipión, que en seguida los utilizó dándoles la libertad para que fueran a sus respectivos pueblos o tribus y contaran a sus jefes y dirigentes, de quienes en la mayoría de los casos eran parientes, lo bien que se había portado con ellos el ejército romano. Pero a las mujeres ilérgetes no las soltó, aunque, accediendo al ruego de la mujer de Mandonio, puso una guardia especial a sus sobrinas, que eran doncellas, para evitar cualquier tipo de violencia que su condición de cautivas pudiera propiciar.

Varios meses después Escipión salía con su ejército de Tarraco (Tarragona) y se dirigió hacia el sur en busca del de Asdrúbal. A pocas jornadas de marcha, Indíbil y Mandonio se le acercaron con sus tropas y solicitaron una entrevista con vistas a establecer una alianza. ¿Temían quizá que los romanos tomaran represalias sobre sus mujeres si ellos continuaban guerreando al lado de los cartagineses? ¿O, viendo que los cartagineses llevaban las de perder, decidieron pasarse al lado de los vencedores? Fuera como fuere, he aquí lo que en su entrevista con Escipión, Indíbil, hablando también en nombre de su hermano, dijo:

—Sé que al desertor lo odian sus antiguos aliados y sospechan de él los nuevos. Es esto cosa natural, pero hay que conocer los motivos de la deserción. Nosotros creemos en la palabra que damos, y lo hemos demostrado con los generales cartagineses, a quienes hemos servido con toda solicitud para no recibir en recompensa más que injusticias y agravios debidos a su avaricia y arrogancia. Nuestro brazo les ha acompañado, pero desde hace ya mucho tiempo nuestra voluntad no está con ellos, sino allí donde se honre a la justicia y al derecho. Cuando uno no puede aguantar más la barbarie de los hombres, busca refugio en los dioses. Nosotros te pedimos que aceptes sin recelo nuestra amistad. Ya podrás juzgar por ti mismo si somos dignos de tu confianza.

—Acepto lo que pedís —replicó Escipión—, pues no merece el nombre de desertor quien cree inválida toda alianza que no respete lo humano y lo divino.

Tras esta entrevista ordenó Escipión que se trajera a las rehenes y, después de varios años y en una escena bañada en lágrimas de júbilo, volvió Mandonio a abrazar a su mujer e Indíbil a sus hijas, que ya casi no conocía. Al día siguiente se firmó el tratado que unía al pueblo ilérgete con el general romano, y las tropas de Indíbil y Mandonio se integraron en

el ejército de Escipión. Fueron ellas quienes lo condujeron hasta cerca de Baecula, la actual Bailén (provincia de Jaén), donde se hallaban las tropas cartaginesas.

Cuando Asdrúbal vio la magnitud de aquel ejército, se hizo fuerte en una colina, pero al cabo de enconados combates, su caballería primero y la infantería después fueron completamente derrotadas, aunque él consiguió huir con sus dineros y elefantes y marchó a Italia. El número de prisioneros fue de 12.000, y Escipión permitió a Indíbil quedarse con los mejores trescientos caballos capturados.

Durante tres años combatieron así los ilérgetes con las legiones romanas hasta que las fuerzas cartaginesas fueron vencidas prácticamente en toda la Península. Fue entonces cuando Indíbil y Mandonio comprendieron que no habían prestado su ayuda a un aliado, sino a un conquistador que no estaba dispuesto a repartir con nadie el producto de la victoria. Los reyes ilérgetes esperaban, en efecto, que al final de la guerra una parte de la Hispania que habían contribuido a liberar les fuera atribuida en calidad de reino, pero para Escipión la única soberanía sobre los territorios liberados era la de Roma. El desarrollo de los ulteriores acontecimientos vino, sin embargo, a alentar las esperanzas de los dos hermanos.

Sucedió, pues, que, coincidiendo con las últimas batallas y poco después de la destrucción de ciudades pro-cartaginesas como Astapa, cayó enfermo Escipión y en seguida se propaló el rumor de que había muerto. Muchos lo creyeron, entre ellos Indíbil y su hermano, que, viendo que el hombre al que habían jurado lealtad había desaparecido, no se sintieron obligados ya a la palabra que le habían dado y mucho menos a extender esa lealtad a otros romanos. Así pues, fomentaron en seguida la rebelión contra la ocupación romana en los territorios vecinos e invadieron otros que se declaraban pro-romanos. E incluso recibieron apoyo de una parte del propio ejército romano, que se rebeló contra el mando central.

Pero Escipión no había muerto y, en cuanto se repuso de su enfermedad, ordenó infligir a los treinta cabecillas del motín en sus filas el atroz castigo que el reglamento militar reservaba a los rebeldes: atados a estacas fueron primero azotados con látigos hasta sangrar y luego decapitados. Los ilérgetes, al enterarse de que habían obrado con excesiva precipitación, se replegaron al norte del Ebro para esperar en qué paraba el curso de los acontecimientos.

La reacción de Escipión no se hizo esperar. Decidido a imponer la autoridad de Roma en toda la Península y a dar un escarmiento ejemplar a los dos hermanos que le habían traicionado, salió con su ejército de Carthago Nova y en diez días llegó al Ebro, lo cruzó y, cuatro días después asentaba su campamento cerca de donde se encontraba el del enemigo. En un estrecho valle cercano soltó multitud de cabezas de ganado que había requisado en

días anteriores y esperó a que las fuerzas hispanas, en busca de víveres, fueran atraídas por aquel cebo. No se equivocó y, cuando los soldados de Indíbil y Mandonio rodeaban al ganado para llevárselo, apareció la caballería de Escipión por los dos lados del valle y acabó con ellos.

Al tenerse noticias de este desastre en el campamento ilérgete, se exaltaron los ánimos y, a la mañana siguiente, en cuanto amaneció, se lanzaron todas las fuerzas al campo resueltas a jugarse el todo por el todo. La anchura del valle no permitía el despliegue de todas las tropas, y la infantería y la caballería hicieron un frente común. Al ver esto Escipión, retiró su caballería y la envió, por detrás de las colinas circundantes, al otro extremo del valle. Al mismo tiempo la infantería atacó el frente hispano. Arremetieron con furia las jabalinas y espadas ilérgetes causando gran destozo en las líneas romanas, pero a poco llegaron gritos de que la caballería enemiga estaba en la retaguardia. Cundió la confusión, se deshizo el orden de batalla y los soldados de Indíbil fueron fácil blanco del acero romano.

En un esfuerzo desesperado formaron los jinetes un círculo con sus caballos arrodillados, pero la suerte estaba echada y se siguió una feroz carnicería en la que todos los hispanos que estaban en el valle perdieron la vida. De todo el ejército sólo se salvó una parte de la infantería que había sido apostada en una colina, y los jefes que estaban con ella.

Ante derrota tan completa y viéndolo todo perdido, los reyes ilérgetes entendieron que la única salida era confiar en la clemencia de su antiguo aliado, y así Indíbil envió a su hermano a parlamentar con Escipión. Mandonio habló así:

—La fatalidad de estos tiempos que estamos viviendo lo infecta todo, incluso a los romanos, y nos ha vuelto locos. A nosotros, a mi hermano y a mí, y a nuestros hombres no nos quedan más que dos alternativas: o bien entregarte la vida, o bien dedicarla a tu servicio. Antes de conocer tu clemencia podíamos creer en el éxito de nuestra causa; ahora nuestra única esperanza es tu compasión.

Escipión, que no veía utilidad ninguna en deshacerse de aquellos hombres y mucha en tenerlos a su servicio, respondió:

—Merecéis la derrota que habéis sufrido, y la muerte por lo que me hicisteis a mí y al pueblo romano. Pero nosotros somos generosos. Quedáis libres. Podéis elegir entre tenernos a vuestro lado o en contra.

Y tras estas bonitas palabras, añadió Escipión:

—Por lo pronto, recaudad dinero suficiente para pagar su salario a nuestros soldados.

Así quedó neutralizado por segunda vez el único poder hispano que había pretendido, tras ver desaparecer a los cartagineses, derrotar a los romanos.

Pero al año siguiente, persiguiendo a los cartagineses que ocupaban el sur de Italia, Escipión hubo de abandonar la Península. Para los reyes ilérgetes su ausencia significaba que quedaban libres del compromiso de sometimiento que habían jurado al hombre, no al Estado romano, y en seguida volvieron a organizar la rebelión, dispuestos a deshacerse de una vez por todas del ejército invasor. Ante una asamblea de jefes de diferentes pueblos del nordeste peninsular, Indíbil afirmó que la hora de la independencia había llegado para los pueblos de Hispania. Y añadió:

—Hemos sufrido la invasión y la opresión cartaginesas porque estábamos desunidos y, una vez derrotados los cartagineses, estamos sufriendo la invasión y la opresión romanas porque seguimos desunidos. Mientras hemos tenido en frente a Escipión, nada podíamos hacer. Pero ahora que Escipión se ha ido y que los generales que ha dejado no tienen experiencia ninguna, tenemos una oportunidad única para liberar para siempre a nuestros pueblos del dominio extranjero, si actuamos todos juntos.

Secundaron los demás las razones de Indíbil y en pocos días se formó el más grande ejército que los pueblos hispanos habían reunido jamás: treinta mil soldados de a pie y cuatro mil jinetes.

En cuanto llegó a los romanos la noticia del levantamiento, y temiendo que el movimiento rebelde se propagara, salieron dos ejércitos de Tarraco y en poco tiempo llegaron a las proximidades del campamento hispano. Enviaron los generales romanos un despacho a Indíbil conminándole a deponer su actitud y dispersar su ejército, pero el rey rechazó todo tipo de acuerdo. Poco después, un día al amanecer, los romanos se encontraron con todo el ejército enemigo formado frente a ellos. La infantería estaba dividida en tres cuerpos: los ilérgetes a la izquierda, los ausetanos en el centro y el resto de los pueblos aliados en la derecha. Tras ellos, la caballería lista para entrar en acción por las dos calles entre los tres cuerpos. Al ver esta disposición, hicieron los romanos lo mismo y en seguida empezó el combate. Chocaron de frente los dos ejércitos, lloviendo de una parte y otra las jabalinas y hundiéndose las espadas en cientos de cuerpos. Pronto el empuje de los ilérgetes hizo una brecha en la duodécima legión romana, a la que hubo de apresurarse a socorrer otra de la reserva para tratar de mantener el equilibrio.

Pero los generales romanos se anticiparon en el siguiente movimiento y enviaron a su caballería al galope por entre los tres cuerpos del ejército enemigo, de modo que sembraron primero el desconcierto en la infantería e impidieron luego toda posibilidad de movimiento a la caballería. Al verse así paralizados, desmontaron los jinetes hispanos y se unieron a los soldados de a pie. Pero ya estaba deshecho el orden de batalla hispano, y los romanos aprovecharon esta circunstancia para lanzar un ataque masivo sobre el centro. Entonces Indíbil, echando también pie a tierra, avanzó a la cabeza de sus jinetes hasta la primera línea y allí, con su ejemplo y enérgicas órdenes, hizo mella en las filas romanas destrozándolas y hundiéndose en ellas. Viendo la ocasión, se volcaron los romanos contra el grupo que lo protegía y lo detuvieron con una espesa lluvia de jabalinas. El mismo Indíbil quedó clavado en el suelo por una lanza que le atravesó el cuerpo. Muerto el jefe, la batalla estaba perdida. Trece mil soldados hispanos murieron en ella y dos mil fueron hechos prisioneros. El resto huyó y se dispersó por los territorios de donde procedían.

Buscaron luego los romanos a la gente principal de estos territorios y los amenazaron con invadirlos y castigarlos si no les eran entregados los cabecillas que con Indíbil habían tramado la rebelión conjunta de sus pueblos. Así, poco después, les fueron llevados los jefes supervivientes, entre ellos Mandonio, que fue ejecutado con los demás. Como castigo a la población, aquel año se doblaron los impuestos, se exigió el suministro de grano correspondiente a seis meses y capas para el ejército, y se tomaron rehenes de treinta pueblos.

# Viriato

Galba, noble hijo de Roma, acaudalado, ambicioso, pretor de la Hispania Ulterior, salió con su ejército un buen día a la caza de riquezas y laureles, y se internó por territorio lusitano con el pretexto de castigar a aquellas tribus que, rompiendo un tratado de su antecesor en el cargo con los lusitanos, se habían entregado al saqueo y a la guerra. Que los lusitanos se hicieran bandoleros no hay que dudarlo teniendo en cuenta su pobreza y sobre todo que el bandolerismo era en aquella época práctica común entre los pueblos del centro de la Península. Pero la operación de castigo de Galba debió de ser algo más que una mera represalia, pues dice el historiador Apiano que iba poco a poco arrasando la Lusitania. Al cabo acudieron a él representantes de los pueblos lusitanos para tratar de detener aquella destrucción y pedir que se renovara el tratado de amistad con Roma. Galba los recibió muy amablemente, puso tregua a sus operaciones y les dijo que comprendía bien su situación, pues era la indigencia y la pobreza de sus tierras lo que los obligaba a robar y guerrear. Y añadió:

—Pero, amigos míos, yo os daré buenas tierras y os asentaré en suelo fértil en tres colonias que crearé.

Se apresuraron aquellos hombres a ir a buscar a sus compatriotas, abandonaron todos sus viviendas y fueron a Galba, que los dividió en tres grupos y fue conduciendo a cada grupo a un paraje distinto diciéndole que esperara. Luego volvió al primer grupo y dijo que aquéllas eran las tierras que les daba, que, puesto que estaban entre amigos, podían deponer sus armas y entrar en un cercado que allí había para discutir el reparto. Dejaron ellos sus armas, entraron en el cercado y, de pronto, una patrulla de soldados se precipitó dentro y masacró a aquellos infelices, que gritaban el nombre de sus dioses e invocaban las promesas que se les había hecho. Fue luego Galba al segundo y al tercer grupo e hizo lo mismo. De todos aquellos lusitanos sólo consiguieron escapar unos cuantos, entre ellos un joven llamado Viriato, que no olvidaría jamás la perfidia de los romanos.

De niño, fue Viriato pastor, y luego se hizo cazador, ya que las tierras de su país no producían lo suficiente para vivir. De cazador

pasó a bandolero, actividad ésta muy común en aquel tiempo y que se confundía fácilmente con la de rebelde en cuanto había un ejército al que atacar y pillar. La cada vez más numerosa presencia de los romanos en el interior peninsular provocó el consiguiente crecimiento y proliferación de estas bandas rebeldes, que poco a poco se fueron organizando y transformando en verdaderos ejércitos, que actuaban a menudo muy lejos de sus bases.

Uno de estos grupos, que contaba con casi diez mil individuos, entre ellos Viriato, se enfrentó al ejército romano de Vetilio en la sierra de Ronda y, viéndose en apuros, solicitó pactar. Dijo el romano que, si deponían las armas, recibirían tierras y, cuando los jefes lusitanos estaban considerando esta solución, intervino Viriato y dijo:

—No aceptéis. Vetilio no respetará su palabra, como no la respetó Galba. Si confiáis en mí, yo os salvaré a todos.

Confiaron todos los jefes en las palabras de Viriato, le dieron el mando y en seguida ordenó formar en línea de batalla. Quedaron atónitos los romanos ante este cambio de actitud, pues sabían que tenían ganada la partida, pero, sin más consideraciones, se lanzaron al combate. Mas, al aproximarse a los lusitanos, salieron éstos corriendo dispersándose en diferentes direcciones, de modo que Vetilio no sabía a quién perseguir. Sólo quedó Viriato al frente de mil jinetes, que, trotando de un lado para otro, hostigó y entretuvo todo el día a los soldados sin dejarse atrapar. Por la noche cabalgó hasta el pueblecito de Tribola, junto a Gaucín (provincia de Málaga), adonde, por distintos caminos, habían llegado ya todos los lusitanos según el plan que les había ordenado seguir. Desde aquel día y durante ocho años Viriato fue jefe de la resistencia lusitana a la invasión romana.

El increíble éxito de Viriato mientras estuvo al frente de las fuerzas lusitanas se debía a su carácter noble, a su superior inteligencia y a su sentido de la disciplina. Bajo su mando nadie desertó jamás, y los mismos romanos lo envidiaban como hombre y como soldado. Dormía poco, comía frugalmente y su cuerpo, ejercitado duramente en el monte, podía aguantar, más allá de los límites ordinarios, la sed, el hambre, el frío, el calor y todo tipo de privaciones. Según Diodoro de Sicilia, Viriato

estaba por encima de todo placer. No tenía posesiones personales, pues consideraba que nada puede poseerse. Su boda misma fue un acto simple a pesar de los esfuerzos de su suegro por convertirlo en un acontecimiento. Llegó Viriato con sus soldados a casa de la novia, donde se había preparado un suntuoso banquete en el que refulgían los recipientes de oro y plata y, despreciando todas estas riquezas y los manjares que contenían, ni se sentó. Tomó un poco de pan y carne, lo distribuyó entre quienes lo acompañaban, y él no probó más que un bocado. Luego pidió que trajeran a la novia y, tras hacer sacrificio a los dioses, la puso sobre la grupa de su caballo y marchó con ella a sus cuarteles en la sierra.

Era noble de espíritu, consideraba su carencia de necesidades su más preciada riqueza, su libertad la de su país, y el reconocimiento de la valentía su posesión más segura. Era muy agudo de juicio, y veía en seguida lo que había que hacer y cuándo. Hablaba poco, pero siempre a propósito y era muy celebrado por su ingenio. En una ocasión, dirigiéndose a los ciudadanos de Tucci (hoy Martos, Jaén), que unas veces se ponían de su lado y otras del de los romanos, les dijo:

—Érase una vez un hombre, ya maduro, que se casó con dos mujeres, una joven y otra más vieja que él. Para hacerle más parecido a ella, la joven le arrancaba los pelos canos, mientras que la vieja, con igual intención, le arrancaba los otros, de modo que en poco tiempo lo dejaron calvo. Eso es lo que os va a pasar a vosotros, que, entre los que matamos nosotros y matan los romanos cada vez que cambiáis de campo, no vais a quedar ninguno.

Careciendo de armas adecuadas para hacer frente a los bien equipados y entrenados ejércitos romanos, la táctica de Viriato era la guerrilla: tendía emboscadas, daba golpes de mano, asaltaba convoyes militares, y evitaba siempre que podía el combate en campo abierto. Varios ejércitos fueron enviados contra él, pero no había manera de vencerlo. Al de Vetilio lo acorraló entre un bosquecillo en el que había ocultado a sus hombres y un precipicio y despeñó y capturó a cuatro mil soldados. Varios otros generales fueron igualmente derrotados, entre ellos Serviliano, que fue a él con veinte mil hombres y diez elefantes. Al frente de sólo seis mil Viriato se lanzó contra este ejército con incontenible fiereza, soltáronse sus guerreros sus largas cabelleras y, agitándolas al viento, corriendo en formación, profiriendo horrísonos gritos de guerra, arrojando sus jabalinas de hierro dentado, esquivando las contrarias con sus pequeñas rodelas de nervios entrelazados y blandiendo sus anchos machetes, lo aterrorizaron y destrozaron.

El general romano hubo de firmar un tratado por el que se reconocía la soberanía lusitana y se declaraba a Viriato amigo de Roma. Era la primera vez que uno de los pueblos de Hispania era reconocido independiente y su dirigente puesto a la altura de los de Roma. Pero el Senado romano no podía aceptar esta

afrenta y ordenó a Cepión, hermano de Serviliano, que rompiera el tratado y terminara de una vez con Viriato fuera como fuera, para evitar el peligro de que otros pueblos de la Península se sublevaran. Viriato, en efecto, ayudó a ciertas tribus celtíberas a rebelarse contra el ejército que las dominaba, y en muchas partes surgieron bandas que actuaban con tácticas similares a la suya. Mas Cepión conocía otros medios, más eficaces, si menos honorables, de luchar contra el jefe lusitano.

Viendo, pues, que por las armas no conseguiría nada y correría la misma suerte que sus predecesores, hizo como que aceptaba la validez del tratado de su hermano y entabló conversaciones con los lusitanos a fin de establecer la paz permanente con Roma. Viriato le envió como negociadores a tres amigos, Audax, Ditalcón y Minuro, que fueron recibidos por Cepión con toda clase de agasajos y regalos. Luego Cepión los sobornó:

—Si matáis a Viriato, Roma os hará ricos.

Era de noche cuando volvieron los tres negociadores al campamento, y se fueron directamente a la tienda del jefe, como para informarle de sus gestiones. Yacía Viriato vestido, pues, como queda dicho, dormía muy poco, y, protegiéndole la armadura todo el cuerpo, no hallaron otro lugar vulnerable que el cuello. Hundieron en él sus puñales y, amparándose en las sombras, regresaron a comunicar a Cepión su hazaña y pedirle la recompensa. El romano se alegró mucho de volver a verlos y les dijo:

—La recompensa podéis ir a buscarla a Roma.

Se dirigieron a Roma y he aquí la respuesta que recibieron:

—Roma no paga a traidores.

Al amanecer se extrañaron sus ayudantes de que Viriato siguiera dormido y, al cabo, entraron en la tienda. El dolor los enloqueció. Inmediatamente se propagó por todo el campamento, por toda la campiña, por las aldeas de toda la comarca, por todos los pueblos de media Hispania, el dolorido lamento de un pueblo que había perdido a su jefe y en él su independencia.

Cansados sus hombres de buscar en vano a los asesinos, se ocuparon luego de preparar los ritos fúnebres según lo quería la tradición ibérica. Vestido con su mejor armadura de malla, tocado de su casco de triple penacho y adornado con flores y ramas, lo colocaron tendido al lado de sus armas en una pira monumental sobre la que sacrificaron muchas víctimas. Luego se dio fuego a la pira y, hasta que las llamas convirtieron todo en ceniza, varias formaciones de soldados de a pie y a caballo evolucionaron alrededor blandiendo sus armas y gritando las glorias del muerto. Finalmente, para acompañarle hasta las recónditas regiones de la nada, doscientas parejas de fieles guerreros se batieron a muerte delante de su tumba.

Así murió el invencible Viriato, el que, sin la traición, según dice el historiador Apiano, habría sido el Rómulo de Hispania.

# La cierva de Sertorio

Perseguido y huyendo de Italia con su ejército, atravesó Sertorio los Pirineos y se asentó en la zona de Levante, donde se atrajo pronto la buena voluntad de los habitantes por su cuidado en evitar serles oneroso. Pero Roma envió contra él a un ejército más fuerte y Sertorio hubo de embarcarse en Cartagena, se unió a unos piratas, fue a dar a Ibiza y, después de una tempestad y varias otras peripecias, terminó en el norte de Africa, donde capturó la ciudad de Tingis (Tánger). Allí se encontraba la colosal tumba del gigante Anteo, a quien Hércules había matado antes de robar las vacas a Gritón (pág. 10), y cuyas dimensiones, según los viejos del lugar, correspondían a las del monumento. Sertorio no creyó estas historias, pero ordenó abrir el sepulcro y pudo comprobar que no le habían engañado: allí se hallaba el gigantesco esqueleto de Anteo, que alcanzaba los treinta metros.

Al poco tiempo de estar en Tánger recibió Sertorio una invitación de los lusitanos para unirse a ellos como jefe. Desde que perdieron a Viriato sabían que su independencia como pueblo había terminado y pensaron que quizá podrían recuperarla de manos de un romano rebelde como ellos a Roma, un hombre excepcional además por sus cualidades humanas y militares. Pues era Sertorio íntegro, sobrio, inteligente, audaz, ni ufano de sus victorias ni vacilante ante el peligro, generoso en recompensas y clemente en el castigo, y sobre todo orgulloso de su condición de soldado: su mejor condecoración —decía él— era el ojo que le faltaba, que había perdido en una batalla.

Aceptó, pues, el ofrecimiento que se le hacía, cruzó el estrecho, y se hizo cargo del poder, no sólo de los lusitanos, sino de los otros pueblos de Hispania, que se lo ofrecieron esperanzados. La inteligencia y la eficacia de las decisiones de Sertorio no los defraudarían. En seguida, con un variopinto ejército de sólo cinco mil hombres, compuesto de romanos, africanos e hispanos, hizo la guerra a cuatro generales romanos que contaban entre todos con ciento treinta mil soldados, y los venció a todos. La resonancia de estas victorias hizo que más y más pueblos hispanos se le unieran, y sus fuerzas se multiplica-

ron hasta alcanzar los ciento cincuenta mil hombres. Con ellos combatió victorioso a los ejércitos romanos durante ocho años. Su estrategia era la misma de Viriato: la guerrilla. Nunca luchaba en campo abierto, sino que zahería continuamente al enemigo y huía para atraerlo a su terreno, le tendía emboscadas, le cortaba los abastecimientos, sacando siempre el mejor partido del buen conocimiento del terreno que tenían sus hombres y de la ligereza de su equipo y armamento. En cuanto había peligro, su ejército se dispersaba por todas partes, de modo que el enemigo no podía perseguirlo, y después, como por encanto, aparecía reagrupado para el ataque rápido y contundente.

Este superior talento militar de Sertorio lo atribuían los hispanos al favor de los dioses, favor que se manifestaba a través de un hecho evidentemente sobrenatural: la milagrosa in-

fluencia de una cierva de pelo suavísimo y blanco como la leche que lo acompañaba siempre. Este animal le había sido regalado por Spano, un labrador que lo había recogido de su madre recién parida y perseguida por cazadores. La cervatilla era muy mansa y pronto se aficionó a las caricias de Sertorio, acudía a él cuando la llamaba, comía en sus manos, se las lamía y, con el tiempo, llegó a no querer separarse de él. Poco a poco llegó Sertorio a convencerse de que aquel animal único en todos los sentidos tenía algo de misterioso o sagrado y acabó creyéndolo regalo de Diana, la diosa de los bosques, y decía que tenía el poder de revelarle el futuro.

Y en verdad que había algo de extraordinario en aquel animal, pues, cuando por la mañana se levantaba Sertorio y comunicaba a sus hombres que la cierva le había hablado en sueños y le había dicho que el enemigo estaba cerca, que tuviera listas sus tropas, se comprobaba luego que esta predicción era fundada. Otras veces organizaba él una fiesta a la que llevaba a la cierva adornada con coronas de flores, y decía que era para celebrar la victoria obtenida por alguno de sus generales, según se lo acababa de anunciar aquel sagrado animal. Y, en efecto, poco tiempo después llegaba a sus cuarteles el ejército vencedor.

Una vez la cierva desapareció y, cuando se la daba ya por perdida, anunció Sertorio en una asamblea de jefes hispanos que los dioses le habían anunciado en sueños que pronto recibiría una buena noticia. Empezó luego a tratar los asuntos de la asamblea y, a poco, todo el mundo se quedó atónito al ver aparecer al animal, acercarse en un trotecillo hasta el estrado donde estaba su dueño, dar un salto hasta él, poner la cabeza en su regazo y

99

lamerle las manos. Le acariciaba él la testuz, le daba palmaditas en el costado, e incluso derramó una lágrima. Prorrumpieron todos los presentes en aplausos y gritos de júbilo, pues tomaban aquello por inequívoca señal divina, y festejaron a su jefe, sintiéndose seguros bajo su protección.

Dicen algunos historiadores, entre ellos el sabio Plutarco, que lo que Sertorio hacía era engañar miserablemente a aquellos hombres, pues atribuía a la cierva lo que en realidad sus mensajeros secretos le anunciaban con anterioridad, y que el día que ella desapareció fue porque él había pagado a sus hombres para que la tuvieran encerrada y la soltaran en el mismo instante en que él hablaba en el estrado. Puede que haya sido así, pero yo no quiero creerlo porque me parece muy feo, y no creo que ningún lector lo crea, como no lo habrían creído aquellos hombres que veían en Sertorio a un ser superior en el que los dioses obraban.

Por eso, animados por el espíritu de su lealtad inquebrantable, miles y miles de ellos se consagraron a él siguiendo la antigua costumbre ibera de dedicar su vida a alguien que admiraban. En una ocasión en que luchaban junto a la muralla de una ciudad, el ataque enemigo fue tan brutal, que los hispanos, temiendo perder a su jefe en el fragor del combate, lo levantaron en el aire y se lo fueron pasando uno a uno por encima de sus cabezas hasta ponerlo a salvo tras la muralla, como si de un objeto sagrado se tratara.

Fue sin duda por influencia de aquella cierva, que después de todo era hispana, por lo que ningún romano trató jamás con tanta benevolencia y cariño a los antiguos españoles como lo hizo Sertorio. Preocupado de mejorarlos fundó en la ciudad de Osca (Huesca) una universidad, la primera que hubo en España, donde los jefes de los distintos pueblos hispanos enviaban a sus hijos para que aprendieran el latín y el griego.

Naturalmente a veces surgían conflictos entre el impetuoso temperamento hispano y el carácter sereno y reflexivo de Sertorio, pero él, acompañado de su cierva y como iluminado por ella, encontraba siempre la forma de solucionar todo tipo de diferencias. Cuéntase, por ejemplo, que un grupo de jefes de pueblos al norte del Ebro que acababan de unirse a él, le incitaban a librar batalla al enemigo cuanto antes. Trató él de convencerlos de que no convenía atacar en aquel momento, pero ellos no escuchaban razones, pues la impaciencia los empujaba al combate. Finalmente les dijo:

—Si tantas ganas tenéis de luchar, ¡al ataque! Pero estad seguros de que seréis derrotados.

Sin más dilaciones se lanzaron todos ellos al campo con sus tropas y, efectivamente, llevaron las de perder. En el último momento intervino Sertorio con sus fuerzas y los salvó de perecer.

Días después convocó una asamblea de jefes en su campamento. Asistieron todos y él se sentó en su estrado acariciando blandamente a la cierva blanca. Mucho se sorprendieron los asistentes de ver junto al estrado a dos caballos, uno un soberbio corcel de buena planta, lomo reluciente y hermosa cola, el otro un viejo rocín que casi ni se tenía en pie. Junto al primer caballo había un hombrecillo de aspecto enclenque y desmarrido, y un robusto y musculoso gigante al lado del otro. Dio Sertorio una palmada y el fortachón asió la cola del caballejo y empezó a tirar de ella con todas sus fuerzas como para arrancarla, mientras que el canijo levantó la del corcel y se puso a arrancarle las cerdas una a una.

Hacía el primero retroceder con sus tirones a la caballería y reían de ello los presentes, pero, cuando cesó en su esfuerzo, la cola del animal estaba como al principio, mientras que el otro, constante y pelo a pelo acabó dejando pelona la del suyo. Se levantó entonces Sertorio y dijo:

—Ahí veis, amigos míos, que la perseverancia puede más que la fuerza bruta, y que a veces vale más hacer las cosas poco a poco que de una vez.

Lecciones como ésta entusiasmaban a aquellos hombres, que veían en él la personificación de la sabiduría y lo querían como a un padre. Pero ni el cariño de sus hombres ni la benéfica influencia de su cierva salvaron a Sertorio de las viscosas redes de la envidia.

Había en su ejército un aristócrata ambicioso llamado Perpenna, al que, al llegar a la Península, sus tropas habían obligado a ponerse bajo las órdenes de Sertorio. Esto significaba que el mérito de las victorias no era nunca para él. Y las victorias eran muchas, casi siempre a costa del viejo general Metelo, que rechazó la proposición de Sertorio de

batirse en duelo con él en vez de enfrentar a sus ejércitos, y que fue derrotado tantas veces, que el Senado de Roma hubo finalmente de enviar en su ayuda a su general más prestigioso, Pompeyo el Grande. Pero ni juntos ni separados podían los ejércitos de Metelo y Pompeyo evitar la derrota, gracias a la movilidad de las tropas de Sertorio. El mismo Pompeyo fue herido en una batalla y sólo se salvó porque los que le arrebataron el caballo prefirieron despojarle de sus arreos de oro en vez de perseguir al jinete. Tras una serie de derrotas, Pompeyo pidió al Senado más dinero y más hombres, pero las dos legiones que recibió corrieron la misma suerte. Sertorio era invencible.

Por su parte, Metelo ofrecía mil quinientos kilos de plata y cinco mil hectáreas de tierra al romano que lo matara. Pero no fue por dinero, sino por usurpar su puesto, por lo que Perpenna decidió traicionar a su jefe. Se ganó con promesas la voluntad de otros oficiales, urdieron un plan y en seguida lo pusieron en práctica. Falsificaron primero un documento y, haciéndose pasar uno de ellos por mensajero, lo presentó a Sertorio como despacho de uno de sus generales comunicándole que había obtenido una victoria. Creyó Sertorio el despacho y, como era habitual en estos casos, dispuso que se hiciera un sacrificio para celebrarlo. Como parte de la celebración consiguió Perpenna que Sertorio aceptara participar en un banquete que él daba en su tienda y al que también asistieron los otros conspiradores. Así, mientras unos contaban chistes y otros bebían, dejó Perpenna caer la copa de vino que tenía en la mano. Era la señal. El oficial que estaba junto a Sertorio le dio una puñalada, forcejeó él, pero fue su último movimiento: varias hojas de acero le atravesaron el cuerpo.

En el mismo instante, en la tienda de su amo, la cierva blanca, que dormía, respiró profundamente y se transformó en humo, un humo tenue y blanquísimo que se elevó lentamente del suelo, se extendió por el aire y se perdió finalmente en la negrura de la noche.

Aquella misma noche Perpenna asumió el mando. Pero los hispanos abandonaron el campamento en cuanto se enteraron de que su jefe ya no era, y se dispersaron o se refugiaron en sus ciudades como los de Calagurris (pág. 81). Poco después Pompeyo vencía a Perpenna y lo hacía ejecutar.

# Los cántabros

Eran los cántabros —desde Vasconia a Galicia— pueblo indómito y fiero, apegados a sus tradiciones y modos de vida, amantes de la libertad y dispuestos a morir antes que perderla. Pero ni eran poderosos ni estaban unidos, pues vivían en tribus relativamente pequeñas y dispersas por la accidentada geografía de su territorio. Era evidente que, atacados por un ejército numeroso y bien armado como el romano, al que sólo podían oponer fiereza y valentía, su independencia ancestral estaba abocada a desaparecer.

Las primeras operaciones tuvieron lugar en la zona de las fuentes del Ebro, adonde llegaron las tropas romanas siguiendo el cauce del río, y en seguida comenzó el avance hacia el oeste. Al ver aproximarse a las legiones, la única defensa era echarse al monte, pues los núcleos urbanos eran pequeños y mal protegidos: una serie de cabañas de paredes de piedra y techumbre de paja rodeadas a veces por un muro no muy alto y de difícil defensa. Pero, como es natural, echarse al monte suponía abandonarlo todo: familia, ganados y otras riquezas, y a esto se negaban muchos confiando en poder rechazar al invasor.

Fue éste el caso de los habitantes de Bérgida, pequeña ciudad cántabra cuya localización se desconoce hoy. Al llegar a ella los romanos, se colocaron todos los varones de la ciudad encima del muro y armados con sus lanzas y azagayas. Un oficial se acercó a ellos con un intérprete y escolta y les anunció esta noticia:

—Desde ahora dependéis de Roma, de lo cual no recibiréis sino beneficios. A cambio, deberéis abastecer al ejército que tenéis delante y entregar veinte rehenes jóvenes como garantía de lealtad.

Trajeron los montañeses a tres mujeres viejas y les pidieron opinión, pues en las primitivas sociedades cántabras era la mujer quien dirigía el hogar y administraba los asuntos de la familia. Al cabo de esta consulta, dijeron a los romanos:

—Sólo tenemos pan de bellotas, del que nos alimentamos la mayor parte del año, y manteca. De ambas cosas podemos daros un poco, pero no necesitamos protección ninguna y por tanto no os entregaremos a ninguno de los nuestros.

—Bien sé que guardáis ganado en vuestras cabañas —replicó el romano— y lo tomaré por la fuerza si no nos lo dais de grado.

Se siguió una discusión, cada vez más acalorada, hasta que uno de los montañeses, sin atender a lo que se decía, arrojó su lanza hacia el grupo de romanos. Dieron éstos vuelta atrás en sus caballos y, un rato después, un grupo de arqueros lanzaba flechas incendiarias sobre los techos de las cabañas. Al mismo tiempo lanceros y legionarios avanzaban hacia la ciudad. Entre hacer frente al fuego y al enemigo, se dividieron los de Bérgida, corriendo las mujeres a apagar las llamas, mientras los hombres lanzaban sus armas contra las armaduras y escudos romanos. La batalla fue breve a pesar del empuje de aquellos hombres temerarios y enfurecidos que se arrojaban contra las armas enemigas llegando incluso algunos a arrancárselas de las manos a los soldados. Al cabo, la mitad de ellos yacían muertos por el suelo y la otra mitad, herida y desarmada, era prisionera. Las mujeres resistieron también contra aquel fuego que devoraba sus humildes posesiones y ganados, pero todo fue inútil. Algunas se arrojaron con sus hijos a las llamas, otras los apuñalaban para no verlos caer en manos de los soldados. Las más fueron perseguidas y hechas prisioneras.

Poco después el general romano vendía a aquellos hombres y mujeres a los mercaderes de esclavos que, cual buitres hambrientos, seguían a su ejército, como era habitual en la Antigüedad. Algunos no podían soportar la idea de abandonar el paisaje donde habían nacido y, en el momento de la venta, cuando los sacaban atados de una especie de corralón donde los habían metido, se agarraban como posesos a las peñas y arbustos del camino. Fue entonces cuando uno de ellos, resuelto a no sufrir la ignominia de la esclavitud, padre como era de cuatro hijos prisioneros con él, mandó a un quinto, que no iba atado por su corta edad, pues era muy niño, que cogiera el hierro de una jabalina rota que había en el suelo y los matara a él y a sus hermanos. Obedeció el niño y se apresuró tanto a hundir en aquellos cinco pechos el largo pico de la jabalina, que nada pudieron hacer por evitarlo los soldados que los guardaban.

Al propagarse la noticia de la suerte de Bérgida, valles enteros de la comarca quedaron desiertos y se refugiaron sus habitantes

cieron el aire. Subían, entre el estruendo y el polvo, relinchar de caballos, chascar de armas, gritos de pánico y de muerte. El destrozo fue enorme y los montañeses quisieron hacerlo aún más grande bajando en tromba por un recodo de la garganta. En seguida los supervivientes se replegaron hacia su retaguardia, que había quedado intacta, y esperaron el ataque. El furor de los cántabros, viéndose ya vencedores, era una mezcla de ferocidad y entusiasmo.

Lo que no sabían es que Agripa, el general que dirigía las operaciones en nombre de Augusto, había dado órdenes de que la flota romana que operaba en el mar de Aquitania (sudoeste de Francia) transportara tropas y las desembarcara en las costas cántabras. Y estas tropas, tras varias batidas de castigo a lo largo del litoral, habían sido enviadas al monte Vindio. A él llegaron por el extremo norte de la garganta y entraron en acción justamente cuando los cántabros se lanzaban contra lo que quedaba del ejército que había entrado por el sur. Cuando aquellos hombres se dieron cuenta de que quienes habían caído en una trampa eran ellos, su furor se trocó en delirio salvaje y, como fieras acorraladas, mataron muriendo o trataron de escapar de aquella carnicería. Muchos lo lograron trepando por las empinadas paredes de la garganta y huyendo hacia el oeste. Otros fueron hechos prisioneros y vendidos.

Los primeros fueron anunciando su derrota y la amenaza romana. Se organizó la resistencia, pero valle tras valle fue cayendo toda Cantabria bajo el aplastante paso de las legiones. Mas la ciudad de Aracelio, protegida por la altura en que se hallaba, decidió hacerles frente tras salir sus guerreros victoriosos de una escaramuza con una avanzadilla de la caballería romana, en la cual hicieron nueve prisioneros. Los llevaron a la ciudad y, en una ceremonia sagrada que se remontaba a atávicas edades, sacrificaron aquellos soldados al dios de la guerra y le ofrecieron su sangre. Mataron también un caballo y bebieron su sangre, para absorber así su fuerza, y esperaron el ataque romano.

Creían que sólo con valor podían enfrentarse a miles de espadas, y lo creyeron hasta el final, incluso cuando sus cabañas ardían y sus hijos o hermanos caían atravesados a sus pies. Muy pocos fueron hechos prisioneros, la

en los roquedales y cuevas de las montañas. A veces atacaban a los romanos en barrancos y desfiladeros, pero esto no detenía sino brevemente su avance. Día tras día rastreaban los legionarios los más recónditos parajes haciendo retroceder más y más a los montañeses. Finalmente creyeron éstos encontrar seguro refugio en lo más profundo de la cordillera, en el monte Vindio, ya en Asturias, y allí se concentraron todos dispuestos a hacer frente al enemigo.

Sabían que, por el camino que traían, sus perseguidores llegarían por el sur siguiendo la estrecha garganta de un riachuelo, y allí, sobre los precipicios que la dominaban, dispusieron grandes montones de piedras apoyadas en empalizadas que cederían en cuanto se añadiera un poco más de peso. En efecto, cuando al cabo de unos días las columnas romanas se adentraron lo suficiente en la garganta, empezaron los montañeses a echar peñascos sobre los montones, vibraron los troncos, crujieron, se quebraron y se precipitaron con los miles de pedruscos que sujetaban en una serie de avalanchas que ensorde-

mayor parte de ellos heridos o ancianos. Pero no quiso Agripa venderlos, pues aun como esclavos podían resultar peligrosos. Se contaba, en efecto, que algunos de los de Bérgida habían matado a quienes los habían comprado y habían huido. Ordenó, pues, el romano que se talaran árboles, se improvisaran cruces y en ellas fueran clavados aquellos hombres para que las mujeres y niños supervivientes conocieran la justicia romana. Impotentes ante el destino, negándose a aceptar la derrota, ignorando orgullosamente el dolor de los clavos que les atravesaban los miembros, despreciando la saña de sus torturadores, murieron aquellos cántabros en la cruz cantando himnos de victoria.

Continuaron las tropas romanas avanzando hacia el oeste, imponiendo su ley en valles y collados, y persiguiendo a los miles de fugitivos que causaban sus ataques. Así llegaron los cántabros hasta el alto Miño, donde se unieron a otros que huían también, empujados por las tropas romanas desde la costa atlántica. Se asentaron todos en un monte que ofrecía buenas posibilidades de defensa, el monte Medulio, que estaba rodeado en buena parte por el río y contenía dos poblados amurallados. Desde allí, todos unidos, repelerían al enemigo y lo expulsarían de sus territorios.

Pronto vieron los generales romanos que aquel monte era el último núcleo importante de la resistencia cántabra y que, si lograban tomarlo, las guerras de conquista en Hispania se terminarían. Lanzaron, pues, una rápida ofensiva al asalto del monte con intención de empujar a sus ocupantes hacia el lado del río. Pero los montañeses tenían la ventaja de la altura y deshicieron fácilmente a la caballería romana. El resto del ejército hubo de retroceder y entonces vio Agripa que no había que subir a atacar, sino rodear todo el monte y esperar a que el enemigo bajara. Y así, cuando bajaba, llevado por la necesidad de abastecerse, tenía que enfrentarse al masivo cinturón de soldados romanos. Aun así conseguían a veces, sobre todo de noche, atravesar las filas romanas en los dos sentidos.

Para impedirlo ordenó Agripa construir un foso y, con la tierra excavada, un alto terraplén de veintidós kilómetros de longitud todo alrededor del monte, y distribuyó las fuerzas romanas en varios campamentos a lo largo de esta barrera. El área sitiada era inmensa, pero las fuerzas de los sitiadores eran enormes y podían vigilarla en su conjunto. Aullando más que gritando, haciendo tremolar sus largas cabelleras ceñidas alrededor de la frente y sus espesos mantos negros, arrojándose brutalmente sobre las espadas enemigas, lograron los cántabros romper aquel cerco varias veces, pero a muy alto precio y sin resultados positivos, pues, si conseguían abrir una brecha y escapar, era para caer poco después, ya que toda la comarca estaba en manos de los romanos. El mismo emperador Augusto acudió en persona para dirigir las operaciones contra aquellos ferocísimos guerreros que durante meses mantuvieron en vilo a tres ejércitos.

Mas, cuando los romanos notaron que las constantes escaramuzas y la escasez de alimentos empezaban a hacer mella en los defensores, lanzaron un ataque simultáneo por los dos extremos del monte, y aquello fue el principio del fin. En una jornada de violentos combates los montañeses, hambrientos, pero también sedientos de venganza, rechazaron, desbarataron y arrollaron a uno de los ejércitos enemigos y persiguieron a sus supervivientes hasta el terraplén; pero el otro ejército logró mantenerse firme y avanzar poco a poco sobre charcos de sangre cántabra hasta conseguir hacerse con uno de los dos poblados.

Atardecía cuando, replegándose las dos partes, cesaron los ruidos de las armas. Los cántabros no habían sido vencidos, pero sabían que al día siguiente nuevas oleadas de romanos llegarían y habría que morir. Aceptando la muerte, pero no la satisfacción que de dársela obtuviera el enemigo, acordaron tomársela ellos mismos en una fiesta común. Sacrificaron unos caballos de los pocos que les quedaban, asaron su carne y cenaron hasta hartarse. Luego cantaron y bailaron hombres y mujeres mezclados, aireando ellas sus vestidos bordados de flores, saltando ellos en lo alto y cayendo de rodillas al son de flautas y trompetas. Luego, exhaustos, bebieron todos un sorbo de unos grandes cuencos de madera, donde, arrojando repetidamente guijarros candentes, habían hecho hervir agua con hojas de tejo machadas.

A la mañana siguiente descubrieron los romanos que el veneno se les había anticipado.

# El rebelde de Termes

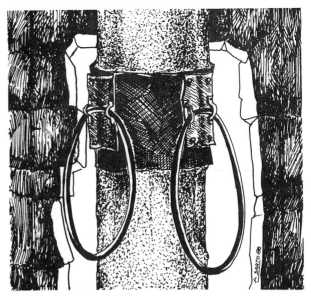

Cuando Lucio Calpurnio Pisón era legado de la Tarraconense, es decir suprema autoridad de esta provincia, que comprendía casi dos tercios de la Península, al norte de una línea que corría aproximadamente entre Almería y Oporto, tuvo lugar en la zona de Termes (en la actual provincia de Soria), un robo de fondos públicos. Según parece, una partida de bandoleros, que continuaban operando en algunas regiones de la Península en desafío de las leyes romanas, asaltó a un carro escoltado que trasladaba a la capital, Tarraco, los impuestos recogidos en la región. Estos impuestos, como los procedentes de otras partes de la provincia, suponían una carga muy considerable para la población, pues, además de cubrir la financiación de los servicios de administración, obras públicas, ejército, etc., servían también y en primer lugar para forjar la fortuna personal del legado y de los recaudadores. Lo normal en un caso como éste era que el legado, valiéndose de sus tropas, investigara las circunstancias del robo, persiguiera y hallara a sus autores, y los juzgara y condenara según las leyes. Pero esto debió de parecer muy complicado a Pisón, pues, en vez de eso, decretó la obligatoriedad de un impuesto extraordinario en toda la región a fin de recaudar una suma equivalente a la robada.

Su razonamiento fue muy simple:

—Si el dinero ha sido robado en esa región, esa región debe restituirlo.

Esta manera de razonar, por lógica que pudiera parecer, no lo era tanto para los mercaderes, agricultores y pastores que, sin tener que ver nada con el asalto ni con bandoleros, debían desembolsar de nuevo un impuesto que acababan de satisfacer. A esto se negaron. Entonces el legado mismo acudió a la región para supervisar el desarrollo de la operación y ordenó mano dura a sus funcionarios y soldados. A la arbitrariedad de su decisión se añadió la violencia con que sus agentes realizaban sus exacciones. A quienes alegaban que no podían pagar porque sus haciendas no se lo permitían y pedían un plazo para poder reunir la suma exigida, se les embargaban al punto los ganados o cosechas u otros bienes y se subastaban. En nombre de la ley.

Para muchos aquello significaba la ruina y para no pocos el hambre para ellos y sus familias. Huelga decir que los ánimos de los hombres así despojados eran más de odio y rebeldía que de resignada impotencia. Un grupo de ellos, enfurecidos y olvidando que a un legado le seguía otro, decidieron dar muerte al que los sangraba y echaron a suertes entre ellos para ver a quién le tocaba el honor de ejecutarla.

Era una mañana clara y soleada, y cabalgaban sobre las irregulares lastras de la calzada cuatro soldados delante de una *raeda* (una especie de carruaje de cuatro ruedas y con toldo) ocupada por el legado y dos de sus hombres. Habían pasado la noche en un pueblecito en el que la víspera habían arrancado a los vecinos el inicuo impuesto, y habían mandado delante a los recaudadores y al grupo de la tropa para que fueran haciendo su labor en el siguiente pueblo. De pronto, al subir un repecho, salió de entre unas encinas un caballo negro al galope, que se fue derecho hacia la *raeda*. Llevaba el jinete en la mano derecha una lanza y, arrojándola al llegar a la altura del vehículo, atravesó con ella el pecho del legado.

Fue el ataque tan rápido, que los de la escolta no pudieron impedirlo. Pero en seguida espolearon a sus caballos y se lanzaron en persecución del jinete, que se adentraba en el encinar. Abriéndose en abanico consiguieron al poco ganarle terreno, y él, viendo el peligro, se fue hacia unos altos peñascales que tras el encinar se levantaban. Creyeron los soldados que allí lo acorralarían fácilmente, pero, al llegar a las peñas, siguió el otro picando al caballo hasta que el declive del terreno le impidió avanzar, por lo que echó luego pie a

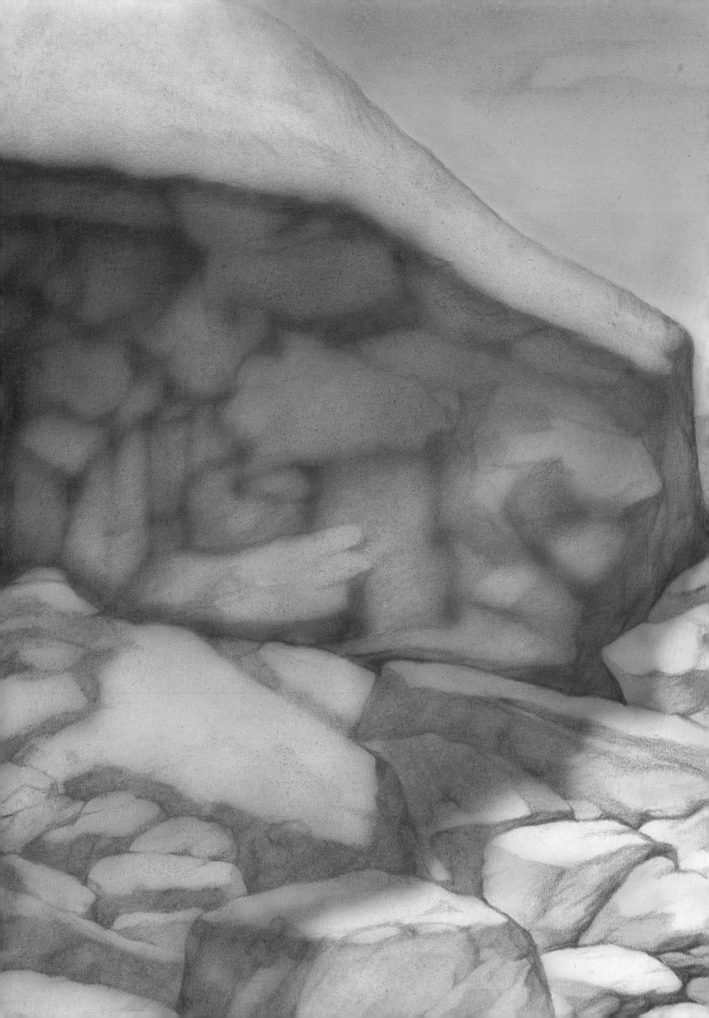

tierra y, saltando como una cabra por los riscos, desapareció presto de la vista de sus perseguidores. Desmontaron éstos, pero pronto vieron que no podrían seguirlo, y se contentaron con apoderarse del caballo y volver a la calzada. El legado, cubierto de sangre, ya estaba muerto. Se apresuraron a llegar al pueblo y allí el centurión que mandaba las tropas, informado de lo que había sucedido, ordenó que una patrulla más numerosa volviera al lugar donde el hombre había desaparecido y batiera la zona hasta dar con él.

Al atardecer volvió la patrulla con las manos vacías después de haber rastreado cada peña y el encinar entero. Pero el centurión, que no podía matar a todos los habitantes de la región por castigar al culpable, no se dio por vencido. Al día siguiente, volviendo sobre sus pasos, fue visitando los pueblos donde ya se había cobrado el impuesto y, en la plaza de cada uno convocaba a la población, les mostraba el caballo negro y preguntaba:

—¿De quién es este caballo?

La respuesta era siempre la misma: nadie conocía al dueño. En Termes también todos los habitantes afirmaron no saber de quién era. Pero, al salir del pueblo, el soldado que llevaba el ramal del caballo notó que el animal cabeceaba y se plantaba. Se lo dijo al centurión, y este le ordenó que lo soltara.

Viéndose en libertad, y tras algunas vacilaciones, volvió la grupa el caballo y se fue lenta pero decididamente hacia el centro del pueblo por un camino que parecía conocer bien. Los soldados lo siguieron hasta que se detuvo como avergonzado ante una casa de muros de pizarra. A un gesto que hizo con la cabeza el centurión entraron en la casa varios soldados y salieron al poco con un viejo que gritaba en lengua ibera que lo soltaran. Como no decía otra cosa y no atendía a lo que se le preguntaba, entraron los soldados otra vez en la casa, mientras los vecinos del pueblo, entre curiosos y temerosos, aparecían por todas partes aunque sin atreverse a acercarse a la tropa.

Volvieron luego los soldados trayendo esta vez a una mujer con un niño en brazos. La mujer lloraba, pero el niño creía que aquello era un juego y reía mirando maravillado los cascos de los soldados. Vio luego al caballo y, agitando una manita, hizo como si quisiera cogerlo llamándolo al mismo tiempo por un nombre que parecía suyo. En esto entendió el centurión que no habían errado en seguir al caballo y que allí vivía el dueño. Como la mujer se obstinara en su silencio, ordenó a sus hombres rodear la casa y continuar la búsqueda en el interior. Al cabo volvieron los soldados con un hombre que traía briznas de paja sobre el pelo y la ropa. En seguida reconocieron en él al jinete que había matado al legado los cuatro que en vano le habían perseguido hasta los peñascales.

—¿Por qué lo has matado? —le preguntó el centurión.

El hombre no respondió. Y tampoco respondió nada cuando el centurión le conminó:

—Responde si no quieres pagarlo caro: ¿quiénes son tus cómplices? Pues es evidente que eso no lo has hecho tú solo.

Ante estas negativas, gritó el centurión:

—¡Atadlo a ese árbol!

Ataron los soldados al hombre a un árbol, le despojaron de sus ropas y le azotaron, gritándole a cada latigazo que revelara el nombre de quienes le habían pagado o incitado a cometer su crimen. Entonces, en ibero, gritó aquel hombre:

—Podéis torturarme cuanto queráis, ¡pero no delataré a mis cómplices aunque estuvieran delante!

Bien sabía que, hablara o no, los romanos le harían pagar su certera lanzada con la muerte. Viendo que caía la tarde y que el termesino no cedía al rigor de los latigazos, ordenó el centurión a la gente volver a sus casas. Pensó que el dolor de la espalda en carne viva, que no le dejaría dormir, le haría reflexionar y a la mañana siguiente confesaría.

El hombre, en efecto, no pudo dormir y, cuando al amanecer le arrastraron fuera de su casa, de la que los soldados hicieron cuartel esa noche, se tambaleaba de cansancio y dolor. Tenía las manos atadas atrás y venía entre dos soldados, que lo llevaron hasta el árbol de la víspera. Fueron otros a gritar a los habitantes que acudieran otra vez, que su héroe iba a delatarlos. Temiendo lo peor, se apresuraron todos a obedecer. Pero llegaron tarde, pues en el momento en que le desataban las manos para volver a atárselas al árbol, el termesino dio un empujón a sus verdugos y en velocísima carrera se precipitó contra la pared de su casa, dándose tal golpe en la cabeza, que se la resquebrajó y cayó muerto en el acto. Así escapó de más torturas y salvó a sus cómplices.

# Seres extraordinarios

Numerosos son los relatos antiguos en los que se mencionan seres increíbles y prodigiosos, monstruos extraordinarios, criaturas que ya no existen, sea porque el hombre los ha exterminado o porque, temerosos de él, huyen de su vista. Alguno de estos relatos concierne, como veremos, el interior peninsular, pero la mayoría de ellos se sitúan o guardan alguna relación con el mar, sin duda porque en sus insondables profundidades se escondía todo lo que a la fantasía popular se le antojaba atribuirles. Huelga decir que el estar España ceñida por mares, y sobre todo por el océano en el que se creía estaba el fin del mundo, pobló de fábulas sobre estos seres la imaginación de la gente, pero no siempre estos relatos eran gratuita fantasía, como lo demuestran los casos de criaturas extrañas que fueron vistas por mucha gente y en diferentes ocasiones y cuyos fidedignos testimonios nos han llegado por la pluma de Plinio el Viejo.

Por lo general, al ser extraordinario lo definen características improbables o imposibles en el mundo de los sentidos. Un pulpo gigante como el que se vio en Carteia hace dos mil años tiene parientes actuales en las costas del Pacífico, pero otras criaturas son mucho menos comunes y pertenecen al mundo de lo prodigioso o responden a la elaboración literaria de un hecho de por sí notable o singular. Pero la elaboración literaria no surge de la nada. El árbol marino que menciona Plinio puede parecernos una invención, pero no es gratuita. Es la versión poetizada de algo que existía y que quizá exista todavía. En efecto, otros autores antiguos hablan de un extraño árbol que crecía en el Atlántico y de cuyos frutos se alimentaban los mejores atunes. Con este detalle y un poco de imaginación se crea el árbol gigantesco que veremos, cuyos frutos son ojos.

¿Y qué decir de seres aparentemente tan fabulosos como los tritones y nereidas? Que no son puro invento. Hay peces sierra y peces martillo y hay, o hubo, peces antropomorfos. La descripción de Pausanias del que él ha visto y la delegación oficial que da cuenta al emperador Tiberio del hallazgo de un tritón son argumentos históricos incontestables. Eso sí, debe el lector moderno discernir entre el dato histórico y sus aditamentos literarios. El tritón no era un hombre en forma de pez, sino un pez en forma de hombre. No hablaba ni sentía como hombre. Es la leyenda quien le presta actitudes y sentimientos humanos.

Veamos ahora algunos de estos seres extraordinarios.

# La ciudad de los nictálopes

En una ciudad ibera de la costa Mediterránea vivía un viejo que se había quedado ciego de mirar al sol. Sus paisanos lo tenían por loco y se burlaban de él, pues, aun siendo de familia rica, la ceguera le había llevado a la pobreza, la pobreza a la penuria y la penuria a la mendicidad. Por la mañana recorría las calles pidiendo la voluntad, y se tumbaba por la tarde a la orilla del mar a escuchar las olas y meditar. Pues era aquel hombre de natural cavilador, muy pensativo, muy preocupado siempre por encontrar las razones de las cosas, y era precisamente su manía observadora, su curiosidad por entender el universo, su deseo de saberlo todo lo que le había llevado al estado de no ver nada.

—Si el sol —se decía— lo puede todo, iluminar el cielo, calentar el mundo, nutrir a las plantas y animales, tiene que ser lo mejor que hay en el universo, de la misma manera que el oro, que lo puede todo, es lo mejor que hay en la tierra.

Y así llegaba a la conclusión de que el sol está hecho de oro derretido, de un oro purísimo y sin mezcla, pero un oro, ¡ay!, que había que evitar, pues, para él, todos los males del mundo tenían su origen en la humana ambición por el oro. Personalmente se congratulaba de no ver la luz del sol, y atribuía su despreocupación por las riquezas al hecho de que el oro solar no podía herirle los ojos. Pero, ¿y sus semejantes? ¿Quién los persuadiría de que tenían que evitar el sol?

La solución era que todos ellos quedaran ciegos como él, pero, pensando que muchos, apegados a sus costumbres y rutinas, se negarían a privarse completamente de los beneficios de la visión, el buen viejo llegó a la conclusión de que lo ideal era que la gente se quedara ciega sólo por el día y pudiera seguir viendo de noche, pues así evitaría el contacto con el sol sin tener que renunciar al disfrute de sus beneficiosas influencias. Mas, teniendo en cuenta que en la ciudad nadie le hacía caso, ¿cómo convencer a los habitantes de que tenían que hacerse nictálopes? Y, una vez convencidos, ¿cómo hacerlos?

Como sabía que no conseguiría nada por el camino sólido y razonable de la ciencia, y aunque él no creía más que en lo que veía, es decir, no tenía fe ninguna en los espíritus,

decidió recurrir a los dioses. Un día de mercado se puso en el medio de la plaza y gritó:

—¡Escuchadme todos! Ya sé que para vosotros soy un loco y que no merece la pena perder el tiempo escuchándome. Pero no soy yo quien os habla ahora. Sólo soy el instrumento, la voz del dios del infierno, que se me ha aparecido cuando dormía...

A estas palabras el murmullo de voces hostiles y burlonas que empezaba a levantarse se calmó y todo el mundo escuchó al viejo, que prosiguió:

—... y me ha dicho que hirváis mercurio con grana de beleño y ojos de lechuza y os lo apliquéis a los ojos bien caliente mañana al amanecer, pues quiere haceros más ricos y más felices.

Piadosas y temerosas de los dioses como eran aquellas gentes, obedecieron puntualmente estas instrucciones y, no sólo no quedó

114

## Favonio

La belleza y celeridad de los caballos ibéricos eran proverbiales en todo el Mediterráneo antiguo, pero sólo los habitantes del oeste peninsular, desde Galicia hasta Cádiz, conocían la razón de esta particular calidad, pues habían oído contar mil veces la historia de Favonio, el viento que fecundaba a las yeguas:

Era Favonio un hermoso corcel de pelo blanco brillante, que de costumbre pastaba en un prado de hierba fresca en lo alto de un acantilado que dominaba el océano. En aquellas soledades no había más que color: verde puro de la hierba, azul intenso del cielo y del mar, blanco resplandeciente de Favonio. Pero otro color vino a mezclarse y alterar la apacible armonía del paisaje.

Un amanecer de primavera la Aurora se enamoró de Favonio y se detuvo un momento a acariciarlo. Sus dedos rosados revolotearon sobre la frente, el cuello, el lomo y la grupa de Favonio, que adquirió un ligero tinte tornasolado por el rubor. De pronto la Aurora se dio cuenta de que no podía quedarse allí más tiempo por no retrasar el día y, dejando atrás a su amado, continuó su camino. Loco de amor, sin pensar que volvería a verla al día siguiente, corrió Favonio tras ella hasta el borde del acantilado y se lanzó al aire para seguirla por el cielo. Pero no tenía alas y se precipitó en las pavorosas fauces de las olas, que se llevaron su cadáver mar adentro.

Ella lo vio caer, lloró inconsolable a lo largo de todo su recorrido alrededor del mundo (que ése es el origen del rocío) y al día siguiente, tras sobrevolar el prado, ya vacío, lo buscó toda la mañana por el mar. Cuando por fin lo encontró flotando sin vida, se dijo que nunca se perdonaría aquello y lo besó tiernamente hasta que el cuerpo de Favonio se transformó primero en una llamarada blanca, luego en una nubecilla algodonosa y por fin en viento, un viento claro, sutil y fresco que se extendió por todo el océano. Luego, para castigarse a sí misma, le ordenó soplar siempre hacia la costa de donde procedía y fecundar a todas las yeguas que encontrara.

Así Favonio, también llamado Céfiro o Viento del Oeste, fue padre de todos los potros de la región atlántica, que heredaron su celeridad y su belleza.

ninguno ciego, sino que, fuera porque la pócima del viejo tuviera esa propiedad, o porque el dios interviniera milagrosamente, o por ambas cosas, lo cierto es que todos quedaron dormidos tras aplicársela y, cuando despertaron al anochecer, descubrieron que el día empezaba para ellos.

Desde entonces se llamó a aquella ciudad la de los nictálopes, fue famosa en todo el mundo conocido y muchos viajeros, entre ellos el griego Astreo, la visitaron por disfrutar de su animada vida nocturna, ya que los habitantes, que dormían de día porque con luz no veían nada, vivían de noche, como si su medio normal fuera la oscuridad.

Pero también fue esto lo que la perdió, pues, al cabo de los años, un incendio provocado por un ejército enemigo la destruyó una noche y sus moradores, que no podían ver las llamas, perecieron todos.

# Los caballos celtíberos

Gracias a Favonio, la posesión más preciada de los pueblos de Iberia era el caballo, que tenían por animal casi sagrado, por los muchos servicios que les rendía en el transporte, la agricultura, la caza, la guerra y la alimentación. Pero era en Celtiberia donde la calidad de los caballos para la guerra era particularmente excepcional. Y, como la guerra era una actividad muy frecuente en todas partes, la demanda de caballos celtíberos era muy grande: de otras regiones de la Península y de fuera de ella llegaban mercaderes a comprarlos. Mas, como a menudo los dueños se negaban a vender, surgieron pronto bandas de cuatreros que se dedicaban a atacar a los campesinos y robarles sus caballos.

Con el tiempo estos ladrones se convirtieron en una plaga y los jefes de las tribus celtíberas se reunieron para tratar de solucionar el problema. Se prohibieron las ventas y se tomaron medidas, pero ninguna de ellas dio resultado y los robos siguieron produciéndose. Los jefes recurrieron finalmente a los dioses y les pidieron ayuda en el curso de una ceremonia en la que les sacrificaron tres potros, cada uno de un color, como lo prescribía el ritual.

A pesar de esto, los cuatreros seguían actuando y no había manera de acabar con ellos.

Mas, cuál no sería la sorpresa de los jefes celtíberos cuando al cabo de unos días descubrieron de qué manera los dioses habían decidido ayudarlos: un labrador que vivía en los confines del territorio celtíbero les informó de que unos hombres armados le habían robado tres caballos, que cambiaron de color en cuanto cruzaron el riachuelo que separaba su hacienda del país vecino.

Fueron allá los jefes y, en efecto, pudieron comprobar que el pelo de sus caballos se volvía rojo oscuro al pasar el riachuelo y cualquier otro punto de sus fronteras, y que recobraban su color propio en cuanto volvían dentro de ellas. Así, con la colaboración de las autoridades de los pueblos circundantes, consiguieron poner fin a los desmanes de los cuatreros, pues todo el que tenía un caballo rojo oscuro tenía que justificar cómo y cuándo lo había adquirido.

# El pulpo gigante

En Carteia, importante puerto pesquero al fondo de la actual bahía de Algeciras, hacia la mitad del siglo II a. de C., unos humildes pero heroicos trabajadores consiguieron matar tras un combate feroz a uno de los animales más descomunales de los que se tiene noticia, un pulpo gigantesco cuya cabeza abultaba lo que una tinaja de cuatrocientos litros, sus ocho tentáculos, que un hombre no llegaba a abarcar con los dos brazos, medían ocho metros cada uno y estaban provistos de ventosas tan grandes como orzas, y tenía unos dientes del tamaño de las ventosas.

Los habitantes de la costa gaditana ya estaban acostumbrados a ver animales extraordinariamente grandes, como una enorme bestia marina que fue arrojada sobre las playas de Cádiz y que poseía ciento veinte colmillos, todos entre dieciséis y veinticuatro centímetros, mientras que la distancia entre las dos aletas de la cola alcanzaba los ocho metros. Pero lo de enfrentarse personalmente con un monstruo como el pulpo gigante no era cosa de todos los días.

Tenía Carteia industrias de salazón de pescado y de *garum*, como otras muchas ciudades de la costa meridional, y lo más característico de estas industrias era una especie de estanques cercanos al mar en los que se ponía en sal el pescado vaciado hasta que se curaba y secaba. En otros estanques se echaban en sal sólo los intestinos de los peces, que, al fermentar o, mejor dicho, al digerirse a sí mismos con el jugo gástrico que contenían, producían finalmente un líquido más o menos espeso y de color entre ambarino y vinoso, el *garum*, que se utilizaba en la cocina antigua para aderezar prácticamente todos los manjares. Tanto el *garum* como el pescado en salazón se exportaban de Carteia y de otras ciudades del litoral hispano hacia el interior del país y, sobre todo, a Roma.

Fuera porque su corpulencia necesitaba más de lo que podía encontrar en el agua, porque le pareciera injusto que los pescadores se lo arrebataran, o simplemente por comodidad, la cosa es que el pulpo de que hablamos se aficionó al olorcillo (en realidad un hedor insoportable) del pescado en salmuera, y cada noche abandonaba las aguas del mar y se arrastraba hasta los estanques de salazones, donde causaba grandes destrozos. Por la mañana se preguntaban los operarios quién podía haber sido el autor de aquel daño, pero, al no encontrar rastro ninguno de ladrones, se levantó una cerca alrededor de los estanques para protegerlos de allí en adelante.

Pero no por eso se interrumpieron los robos, pues había junto a la cerca un árbol y en él se apoyaba el pulpo para saltarla y seguir perpetrando sus desmanes. Cuando vieron los dueños que de nada había servido levantar la cerca, pusieron perros y guardias para que vigilaran los estanques.

Y así fue cómo una noche sorprendieron los perros a nuestro pulpo y empezaron a ladrar enfurecidos ante aquella mole de tentáculos cubierta de maloliente salmuera, que no sólo no huía, sino que los hacía frente enrollando y desenrollando sus poderosas extremidades. Atrajeron los ladridos a los vigilantes, que acudieron con faroles y tridentes y se sorprendieron de ver entre sus luces y una media luna que flotaba en el cielo las enormes dimensiones del bicho. Trataron de ahuyentarlo gritando, blandiendo sus tridentes y azuzando a los perros, pero, por toda respuesta, apoyándose en algunos de sus robustos brazos como si fueran patas, se fue el pulpo hacia ellos agitando los que le quedaban libres. Caían sus tentáculos como mazas y como látigos sobre los perros, que se tenían en primera fila y le mordían como podían entre ladridos y revolcones.

Estas mordeduras parecieron enfurecerle, pues en un segundo lanzó uno de sus nudosos tentáculos, agarró con él por la cintura a uno de los hombres y, levantándolo en el aire, se lo llevó a la boca. Gritaba aquel desgraciado como un poseso y blandía el tridente, que con sobrado juicio no soltaba, pero de nada le sirvió, pues aquel terrible brazo lo ciñó fuertemente y crujieron sus huesos como cañas secas. Mientras tanto otro tentáculo se había enrollado alrededor de un perro y lo golpeaba contra el suelo, pero el can, con la boca libre, arrancaba dentelladas de aquella carne blancuzca y gelatinosa.

Y los otros tres hombres no se acobardaban, sino que, con paso firme, clavaban una y otra vez sus afilados tridentes en la correosa piel del monstruo. Pero el animal no retrocedía; al contrario: a pesar de encontrarse fuera de su medio natural, en el cual habría devorado a

# El árbol marino

En el Océano Atlántico, frente al Estrecho de Gibraltar pero muy mar adentro, cerca del abismo donde se acababa el mundo, crecía un árbol extraño y gigantesco que sólo poquísimos e infortunados marineros consiguieron llegar a ver.

Era tan grande que, según el sabio naturalista Plinio el Viejo, habría sido imposible hacerlo pasar a través del estrecho, si hubiera habido manera de llevarlo hasta él. Según parece tenía algo de animal, y sus raíces estaban formadas por una especie de poderosísimas garras con las que se aferraba firmemente al fondo, pues se hallaba en una zona de violentísimas tempestades, aunque podía desasirse y trasladarse, lo cual explica sin duda el hecho de que ninguna expedición moderna haya logrado encontrarlo en los parajes en los que lo situaban los antiguos.

El tronco, rugoso pero tierno, se elevaba como una torre altísima, y contra él rompían las más feroces embestidas del mar en los días de temporal, mientras la cima aparecía a menudo arropada de nubes. Sus enormes y nudosas ramas se extendían cientos de metros alrededor como brazos de gigante que sostuvieran una especie de inmensa techumbre. En ellas vivía una multitud de animales desconocidos y descomunales: lagartijas como cocodrilos de grandes, que se alimentaban de las hojas del árbol; hormigas como gatos, que no comían más que lagartijas, a las que atacaban en grupo y despedazaban con los garfios de sus fuertes mandíbulas; ratas voladoras, que sólo vivían de huevos de hormiga, y pájaros, miles y miles de pájaros de las más increíbles especies: pájaros-tiburón, que vivían la mitad del año bajo el agua; buitres cubiertos de escamas, pájaros carpinteros de tres cabezas, murciélagos dorados, palomas de seis patas, y unos pajarillos sin pico y con cabeza de niño que cantaban continuamente una melodía monótona y plañidera.

Las hojas del árbol tenían la forma de aletas de pez, y en la extremidad de las ramas más pequeñas, que eran como culebras, crecía cada año en primavera una especie de flores semejantes a los erizos de mar y, cuando caían los pétalos, aparecía el fruto, que consistía en una rueda carnosa y grande como una orza de pan, en el centro de la cual había un ojo que,

perros y hombres en un instante, se mantenía fuerte en su posición y seguía asestando latigazos ciclópeos a diestro y siniestro. Hasta que uno de los hombres, el más joven, le lanzó el tridente con todas sus fuerzas y se lo clavó en los ojos. Soltó la bestia un chorro de líquido oscuro que hizo retroceder un segundo a sus atacantes, mientras que, enloquecidos los tentáculos por el impacto del hierro, empezaron a agitarse con la fuerza de las aspas de un molino; mas a poco se vio que perdían vigor y los hombres aprovecharon para abalanzarse y hundirle sus armas en la cabeza, que pronto se derrumbó. Siguieron los tentáculos retorciéndose espasmódicamente largo tiempo después de que la cabeza muriera, y los perros ladrando como temerosos de que fuera a revivir. Era de día cuando dejaron de ladrar.

Guardóse la cabeza del pulpo, que pesó doscientos treinta kilos, para enseñársela a Lucio Lúculo, procónsul por entonces de la Bética, y el hombre malherido se repuso de sus quebrantados huesos al cabo de cuarenta días.

según maduraba, iba cambiando de color, primero azul, luego verde y finalmente castaño oscuro, de manera que a principios de verano el árbol todo parecía iluminado con millones de ojos que se agitaban, parpadeaban y brillaban, sobre todo por la noche. La mayor parte de estos ojos se los comían los pájaros carpinteros y los buitres, pero muchos otros caían al mar y en él flotaban en vastísimas capas que los peces tardaban poco en devorar.

Contaban los marineros que estos ojos eran los de los habitantes de la Atlántida, que perecieron cuando su imperio fue destruido (pág. 26), y añadían que, si alguien comía tres de ellos crudos con los suyos cerrados y la mano en el corazón, podría adivinar el porvenir. Esto llevó a muchos a aventurarse mar adentro en busca del singular árbol marino, pero no se tienen noticias de que ninguno de ellos volviera.

# El tritón y la nereida

En tiempos del emperador Tiberio, en las profundidades del océano que baña la Península, vivía una bellísima nereida. Tenía una hermosa cabellera verde mar, una cara preciosa, labios finos, mejillas rosadas, ojos esmeralda, manos delicadas y un torso perfecto y tornasolado cubierto de pequeñas escamas, como el resto del cuerpo hasta las dos aletas que lo remataban. Como todas las nereidas, tenía ésta una voz exquisita que arrebataba los sentidos de quien la escuchaba.

Estaba enamorada de un vecino que conocía desde pequeña, un hermoso tritón de cabellos brillantes pegados unos con otros por sutiles membranas, agallas carmesí tras las orejas, ojos azules, nariz fina, boca ancha, dientes grandes, manos fuertes, piel de tiburón y aletas inferiores como el delfín. Como todos los tritones, tenía una caracola con la que producía una música que maravillaba a todo el que la oía.

El tritón también estaba enamorado de la nereida y juntos jugueteaban por el fondo del mar, bailaban entre las algas o subían a la superficie a chapotear y a recoger flores de agua, que es de lo que se alimentaban estos seres.

Un día en el que precisamente arrancaban flores de agua y se las daban uno al otro con la boca, vieron de pronto frente a ellos una cosa enorme que se acercaba sobre las olas. Se asustaron mucho, pues nunca habían visto animal tan grande, pero la curiosidad pudo más que el miedo y se quedaron a ver más de cerca aquel monstruo. Lo que no vieron fue una mano enorme y fina de hilos que se acercaba al mismo tiempo bajo el agua y los atrapó. Se trataba, en efecto, de la red de un barco de pesca, el primero que se aventuraba por aquellos parajes.

Forcejearon los dos tratando de sumergirse, de desembarazarse de aquella maraña de hilos, pero cuanto más tiraban más se enredaban, pues los pescadores estaban seguros de que habían dado con un pez de gran tamaño y giraban alrededor para envolverlo en la red. Viéndose perdido, empezó el tritón a dar dentelladas, a rasgar con sus aceradas uñas aquellos hilos y por fin consiguió abrir un boquete en ellos y escapar. Con furia de tiburón se lanzó luego a rescatar a su nereida,

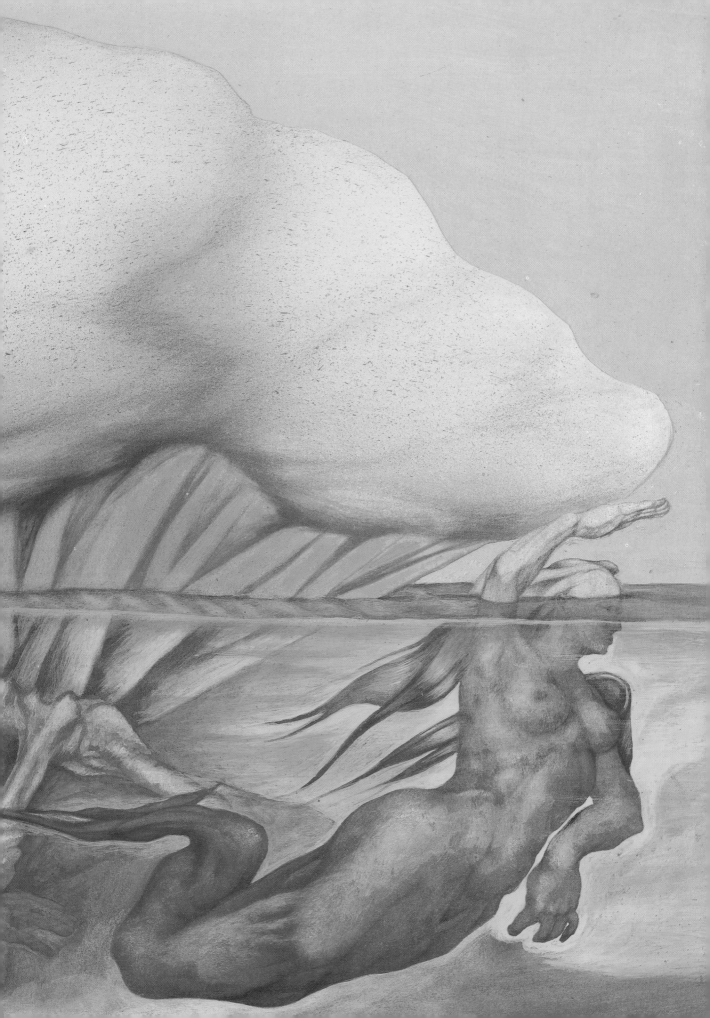

pero los pescadores izaban ya la red y, aunque él tiraba para abajo con todas sus fuerzas, lo único que consiguió fue recibir un arponazo en el pecho, que lo paralizó en el acto.

Sorprendidos los pescadores al ver el prodigioso ser que acababan de capturar, lo tuvieron por señal del favor divino y decidieron volver inmediatamente a tierra para que lo vieran los sacerdotes y demás habitantes de su pueblo, una aldea cerca de Olisipo (hoy Lisboa).

Recuperado al cabo el sentido, transido el pecho y el alma, los ojos bañados en lágrimas, dando aletazos desesperados, dejando detrás una estela de sangre, siguió el tritón la silueta, cada vez más lejana, de la vela del barco que se llevaba a su amada. Por fin lo perdió de vista, pero continuó en la misma dirección y con las últimas luces del crepúsculo llegó a la playa. Comprendió que la nereida había sido llevada tierra adentro, pero ¿dónde? Herido como estaba, casi desfallecido, se arrastró penosamente sobre guijarros y rocas hasta una altura cercana, y a la entrada de una pequeña cueva, para darle más resonancia, hizo sonar su caracola con las últimas fuerzas que le quedaban.

Murió antes de que aquellos inconfundibles sones llegaran a oídos de la nereida, que, rodeada por todos los habitantes del lugar, se hallaba en medio de la plaza. Sonrió imperceptiblemente, callaron todos al escuchar aquella divina y breve melodía, y luego continuó otra vez el bullicio. Tras largas discusiones entre las autoridades, los pescadores y el resto de los habitantes, tomó la palabra el sacerdote más anciano y habló así:

—Esta extraña criatura, que algunos llamáis erróneamente sirena, pues habéis de saber que una sirena es mitad mujer y mitad pájaro, es una nereida, una hija o nieta del dios del mar, que nos la ha enviado para anunciarnos que gozamos de su predilección y que la prosperidad de nuestro pueblo se halla en el seno del mar. En el lugar donde está construiremos un santuario, donde la veneraremos. Ahora devolvamos su cuerpo sagrado al mar y que se pague a quienes la han encontrado el doble de su peso en pescado.

Era ya de noche cuando, gozosa y anhelante, la nereida se zambulló otra vez en las aguas frescas del océano. A poco volvió a la superficie, vio que sus captores se habían ido y bordeó la playa ansiosamente esperando volver a oír la música de la caracola. Pero la noche pasó lenta, dolorosamente, y el viento no le trajo más que el monótono quejido de las olas. No podía creer que el tritón la hubiera abandonado, dudaba de si en verdad había oído la música de la caracola o lo había imaginado y por fin, diciéndose que tal vez él había vuelto al territorio de sus juegos, a él regresó segura de encontrarlo.

Aquella misma mañana un niño que jugaba entre las rocas descubrió el cadáver del tritón. Acudieron los habitantes a verlo, comprendieron que era él el autor de la música que habían oído la víspera y enviaron una delegación al emperador para comunicarle que el tritón no era un ser legendario, como se creía, sino que existía, que ellos lo habían visto, que habían escuchado su música y que era tan real como las nereidas. Luego, al atardecer, hicieron una pira de ramas de pino y de laurel sobre la arena de la playa, colocaron encima al tritón y le dieron fuego. Como monumento fúnebre clavaron al lado un palo largo con la caracola encima para que los vientos soplaran en ella.

Mientras tanto, acongojada y agotada de buscar durante todo el día por todos los parajes y recovecos del océano, volvía la nereida a la costa, convencida ya de que su tritón se había quedado allí. Vio la hoguera y la gente desde lejos, pensó que celebraban algo y esperó a que la playa quedara desierta. Luego se acercó poco a poco y, de pronto, le pareció oír de nuevo la música de su tritón. Se precipitó alocadamente a través del agua y en seguida llegó a la playa. La musiquilla se oía levemente con el soplo de la brisa y, siguiéndola, encontró por fin la caracola y, al lado, los restos calcinados y humeantes del tritón.

Incrédula, estupefacta, enloquecida, huyendo de aquella horrorosa visión, fue dando tumbos y coletazos sobre la arena, mientras el corazón se le resquebrajaba. Cayó por fin, entendió su suerte y, llorosa, irguiendo su hermosa cabeza, vueltos los ojos al océano, entonó una nostálgica canción de amor, una triste canción de adiós, un lúgubre canto de agonía.

Dice Plinio el Viejo que los habitantes de la aldea la escucharon.

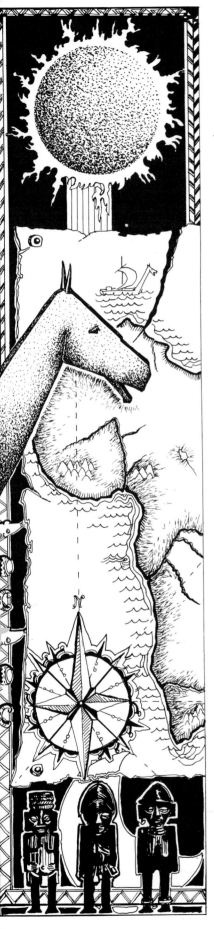

# Viaje alrededor de Africa

Como vimos en el capítulo anterior, los antiguos tenían un miedo reverencial al mar, pero también curiosidad por desentrañar sus secretos más insospechados en una época en que la creencia general admitía que todo es posible en el mundo de lo desconocido.

Esta curiosidad se manifestó sobre todo en el afán científico y aventurero que llevó a muchos navegantes más allá de los límites de las antiguas rutas tartésicas, es decir, el sur de Inglaterra y la costa sahariana. Gadir, luego Gades (Cádiz), el puerto atlántico más importante de la Antigüedad, jugaría un papel importantísimo en estos viajes hacia lo desconocido. De él salieron naves que llegaron por el norte a Escandinavia y por el sur hasta Brasil, donde recientemente se ha descubierto una lápida en fenicio. Pero fue la costa africana, por su proximidad y por las maravillas que de ella se contaban, la que más atrajo a los navegantes.

La primera circunnavegación de Africa la realizó, de este a oeste y en tres años de travesía, una expedición cartaginesa por encargo del faraón Nekao II alrededor del año 600 a. de C. En sentido contrario la intentaron después el cartaginés Hannón, el persa Sataspés y el griego Eudoxo, pero todos fracasaron. Por el año 120 a. de C. un pesquero gaditano, un «caballo» (porque el mascarón representaba la cabeza de este animal) de los muchos que regularmente bajaban a los ricos caladeros de atún de la costa sahariana, se adelantó dieciséis siglos a Vasco de Gama y logró realizar este viaje hasta naufragar frente a las actuales costas de Somalia. Cierto es que los motivos de este periplo fueron involuntarios, pues no parece que los tripulantes del «caballo» tuvieran intención de descubrir nada, pero sentaron un precedente y, un siglo después, según cuenta Plinio el Viejo, varios navíos hispanos llegaron por la misma ruta hasta el Mar Rojo.

Las maravillas que los supervivientes de estas expediciones relataban sufrieron sin duda el influjo de lo tradicionalmente fabuloso y fantástico, como se ve en el relato de la circunnavegación de Africa, que es una buena síntesis de todo lo que los antiguos temían en el océano (y que hemos puesto en boca de uno de los navegantes por hacerlo más expresivo). Pero, más allá de lo fantástico, se vislumbra siempre algo que corresponde a la realidad; por ejemplo, las mujeres peludas hermafroditas que la expedición encuentra en lo que es hoy la costa de Guinea son evidentemente orangutanes, que eran desconocidos en el mundo mediterráneo, pero que el viajero tenía que describir de alguna manera. Lo prodigioso flota siempre sobre algo real, como dijimos al principio.

127

# Relato de un viajero

Hacía veintidós días que habíamos salido de Gades, teníamos ya recogidas las redes y nos disponíamos a iniciar el regreso, cuando un violento temporal se abatió sobre nosotros y nos arrastró lejos de la costa, desapareciendo inmediatamente bajo las olas uno de los seis «caballos» que faenaban con el nuestro. Durante varias horas tratamos de mantenernos a flote dejándonos llevar a capricho del viento por no deshacernos de la carga, pero la violencia del mar no aflojaba y hubimos de devolverle buena parte de la pesca que con tantos esfuerzos le habíamos arrancado. Cuando amainó, anochecía ya y desde nuestro «caballo» no veíamos más que a otros dos. A la mañana siguiente nos reunimos con ellos y avistamos a un tercero y a un cuarto, y, tras él, una isla a la que nos dirigimos para reparar los daños sufridos. En la playa encontramos restos del quinto «caballo» y los cadáveres de dos tripulantes. Los quemamos y nos apresuramos a arreglar las jarcias y el velamen.

En esto estábamos cuando uno que se había adentrado con otros dos en la isla volvió gritando que sus compañeros estaban en peligro. Dejamos las herramientas y fuimos al menos una docena hacia el lugar que nos indicaba. Mucho nos sorprendió ver a aquellos dos hombres revolcándose de risa junto a una fuente de agua cristalina. Ibamos algunos a emprenderla contra aquellos bromistas, cuando el más viejo del grupo dijo que había que hacer algo inmediatamente, pues aquélla era sin duda la fuente de la risa, que él había oído decir se encontraba en una de las islas Afortunadas y mataba a carcajadas a todo el que de ella bebía, a menos que se le diera agua de otra fuente de la misma isla que anulaba los efectos de la primera. Comprobamos, en efecto, que aquellos dos hombres no podían evitar sus violentas carcajadas, que parecían hacerles sufrir terriblemente, y nos apresuramos a socorrerlos desparramándonos por los alrededores en busca de la otra fuente.

Después de una hora de intenso rastreo en el que encontramos varios manantiales, ninguno de los cuales nos sirvió, dimos con uno de aguas azuladas con las que devolvimos la vida a uno de aquellos desgraciados, pues el otro reventó de risa antes de que pudiéramos remediarlo. Perdimos así a un compañero,

pero gracias a su sacrificio sabíamos dónde nos encontrábamos, aunque ninguno de nosotros había estado antes en las islas Afortunadas, ya que la pesca en «caballos» se realiza siempre sin perder de vista la tierra firme.

Una vez reparados los destrozos que nos había causado el temporal, nos hicimos a la vela con intención de acercarnos a tierra firme lo más pronto posible maniobrando hacia Levante, pero los vientos nos eran muy adversos y avanzábamos muy despacio, de modo que, olvidándonos de nuestro oficio y de nuestras familias, nos dejamos llevar por la curiosidad y nos detuvimos a visitar cada una de las islas que encontramos y que con razón se llaman Afortunadas, pues además del agradabilísimo clima de que gozan, abundan en ellas los árboles cubiertos de toda clase de frutos y de pájaros de muy variopinto plumaje, las abejas gigantes que producen una miel potable sabrosísima, y las cabras doradas y de cuernos rojos.

En una de estas islas vimos unos grandes árboles negros, que dan un agua amarga que cicatriza las heridas, y unos árboles blancos de los que se extrae un agua muy dulce deliciosa. Otra está habitada únicamente por lagartos enormes, capaces de devorar a un hombre con sus afilados colmillos. En otra hay muchísimos perros de gran tamaño, de los que capturamos uno. Otra, la más grande, está cubierta de nieve, cosa inexplicable por el mucho calor que hace por allí, a no ser que la niebla que envuelve las montañas impida al sol derretirla.

Al abandonar la última isla, y cuando ya creíamos que la primera tierra que divisáramos sería tierra firme, vimos cómo, a pesar de todos nuestros esfuerzos por mantener a los cuatro «caballos» con aquel rumbo, eran arrastrados por unos poderosos vientos hacia el Mediodía. Tratando de esquivarlos por todos los medios y después de muchas horas de bregar en vano, viramos desesperadamente en dirección de Poniente, con lo cual nos adentramos tanto en el océano, que no creo que ningún mortal haya llegado tan lejos jamás, pues al tercer día de llevar este curso, nos hallamos tan cerca del abismo donde se termina el mundo, que al atardecer pudimos oír el chirriar del sol, un sol enorme y rojizo, al hundirse en las profundidades del océano. Aterrorizados ante la perspectiva de desaparecer para siempre en aquella sima, decidimos aceptar el rumbo que los elementos nos obligaban a seguir y, enderezándolo hacia el Mediodía, lo mantuvimos durante muchos días, hasta que notamos que los vientos perdían fuerza y que podíamos maniobrar. Pero también notamos un hecho extraordinario, y era que no podíamos orientarnos, establecer en qué dirección precisa se hallaba nuestra patria, Gades, pues el sol aparecía a

mediodía exactamente por encima de nuestras cabezas, mientras que por la noche no veíamos en el cielo las estrellas a que estábamos acostumbrados. Tras muchas cavilaciones inútiles y largas discusiones sobre el curso que seguir, pues nuestros víveres se habían acabado, llegamos a la conclusión de que lo menos peligroso era dirigirnos hacia el punto por el que cada mañana se levantaba el sol.

El mar que nos rodeaba era muy tranquilo, sin vientos, y avanzábamos muy lentamente, alimentándonos tan sólo de pescado. Al cabo de doce días, cuando ya desesperábamos de poder salir de aquel mar sin olas, y cuando algunos rayaban ya en la locura, vimos pájaros. Al día siguiente avistamos tierra y nos acercamos a ella gritando de contento. Se trataba de un grupo de islas, de las cuales la primera estaba habitada tan sólo por unas mujeres enormes y peludas que, a lo que nos pareció, se ayuntaban entre sí y parían sólo hembras. No nos molestaron mientras nos aprovisionamos de agua y frutos, pero tampoco dejaron que nos acercáramos a ellas. Luego

129

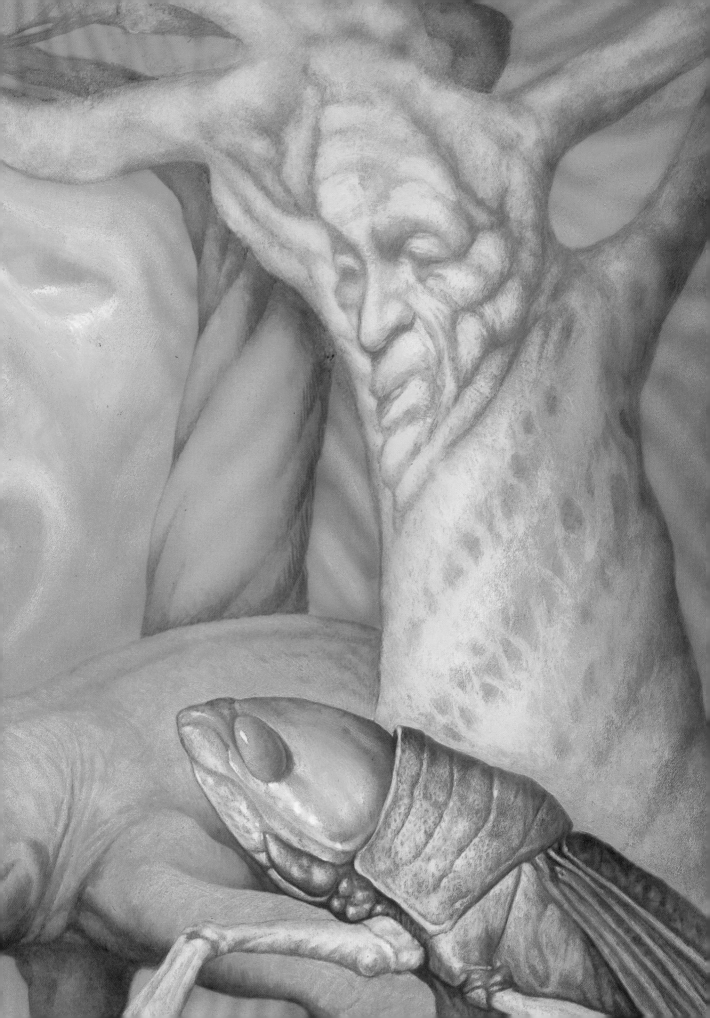

descubrimos que tras las islas se veían flotando en el horizonte unas montañas que no podían pertenecer sino a tierra firme. Hasta allí llegamos esperando encontrar alguna ciudad, puerto o navío, pero sólo hallamos playas desiertas y una vegetación muy espesa que lo cubría todo hasta las montañas. Nos introdujimos un buen trecho por la boca de un río y pudimos cazar y hartarnos de carne asada. Unos hombrecillos de piel negra, que nos vieron hacer fuego, se acercaron asombrados, pues evidentemente no lo conocían, y cogieron las brasas en la mano como si de joyas se tratara, hasta que el dolor les hizo soltarlas. Tras la comida discutimos de nuevo sobre lo que debíamos hacer.

El piloto más viejo y experimentado dijo que había que seguir la costa en la misma dirección que llevábamos, es decir hacia el Mediodía, pues era evidente que nos hallábamos cerca de un punto en que la costa doblaba, y no habría más que rodear ese punto y pegarse al litoral para llegar por otro lado a las columnas de Hércules, que no podían encontrarse muy lejos. Replicó otro piloto que más valía volver por donde habíamos venido, pero el viejo dijo que aquello era una locura, y preguntó cuántos locos había que quisieran volver a pasar las penalidades que habíamos sufrido o peores. Insistió el otro y concluyó diciendo que él bordearía la costa en dirección contraria con sus hombres. Pero el piloto del tercer «caballo», el mío, dio la razón al viejo, y el del cuarto también, y así, al salir de nuevo al mar, nos separamos y tres «caballos» continuamos viaje con tierra a la izquierda y el otro con tierra a la derecha.

Ignoro en qué acabó la aventura en solitario de este cuarto navío, pero sé que nuestro viejo piloto se equivocó de medio a medio, pues el punto en que la costa doblaba no estaba tan cerca como él imaginaba y hubimos de navegar meses y meses. Durante esta larga travesía vivimos muchísimas aventuras y

encontramos grandísimos peligros en mar y tierra, de los que mencionaré sólo algunos.

A los pocos días de separarnos del cuarto «caballo» volvimos a adentrarnos por la boca de un río para cazar, y nos encontramos en un país habitado por hombres mudos, pues carecen de boca. Se entienden por gestos y se alimentan por un agujerito que tienen bajo la nariz y en el que introducen una pajita por la que absorben líquidos y semillas.

En otro paraje encontramos hombres como nosotros, pero altísimos y sin orejas, o, mejor dicho, con una oreja enorme y redonda que les nace en la parte superior de la cabeza protegiéndosela ampliamente del fuerte sol y de las frecuentes lluvias que conocen aquellas regiones. Tratamos de comunicarnos con ellos, pero fue imposible, pues se mantienen siempre erguidos, preocupados sólo, a lo que parece, de los ruidos del cielo.

Otra raza de hombres que nos sorprendió mucho fue la de los hombres marinos, de que todos habíamos oído hablar en Gades, pues muchos marineros decían haberlos visto cuando se adentraban demasiado en el océano. Uno de nuestro «caballo» dijo que él los había visto en dos ocasiones y que un solo hombre marino, que esperaba siempre la noche para atacar, era capaz de hundir un barco con su peso si lograba subir a él, y añadió que los que él había visto eran como los que teníamos delante, pero con el cuerpo cubierto de escamas en vez de vello y pelo. Este encuentro sirvió al viejo piloto como argumento probatorio de que nos hallábamos cerca de Gades y así calmó las protestas de quienes le reprochaban haberse equivocado en sus predicciones, y explicó que habíamos dado la vuelta al océano, como lo probaba el hecho de que el agua y el aire eran más fríos —como en verdad lo eran—, y que ya estábamos cerca de casa.

Pasamos la noche en guardia, impidiendo con arpones y tridentes que ninguno de aquellos hombres se encaramara hasta la borda, y a la mañana siguiente nos apresuramos a abandonar aquellas aguas. Pero al hacerlo nos alejamos de la costa hasta perderla de vista y nos internamos en unos parajes donde la superficie del mar, de un negro intenso, parecía un espejo, y una como niebla ligera y tibia nos envolvía. De pronto el espejo se hizo añicos frente a nosotros con un estruendo de mil olas que chocaran, y de las profundidades

del océano surgió una montaña viviente, una extraña especie de monstruo rojizo que, resoplando fuego por las narices, agitando una lengua peluda y lanceolada en unas descomunales fauces provistas de refulgentes colmillos, y haciendo restallar una cola inmensa cubierta de erizadas escamas, se vino hacia el primer «caballo» dispuesto a tragárselo. Se nos pusieron a todos los pelos de punta y la carne de gallina ante tan horrenda visión, mas nuestro piloto no perdió la entereza y ordenó virar en redondo. Mientras nos afanábamos a ello volvimos algunos los ojos y vimos cómo aquel enorme dragón destrozaba entre sus espantosas mandíbulas al primer «caballo», y luego al segundo, como lagarto que devorara moscas. El miedo que nos atizaba y algún viento providencial nos ayudaron en la maniobra y nos empujaron fuera del alcance de aquel horrible monstruo entretenido en devorar a nuestros compañeros, y, aunque al cabo lo perdimos de vista y el mar recobraba su color, mantuvimos el mismo rumbo a toda vela.

Pasaron varios días y no acertábamos a orientarnos, pues el sol, nuestro único guía, desapareció completamente tras una espesa capa de nubarrones. El aire era muy frío y chascaba al menor ruido, de modo que teníamos que hablar en voz baja para evitar la desagradable sensación que nos producían nuestras propias palabras, que era como cuando rechinan los dientes. Fue en aquellos inhóspitos parajes donde avistamos una isla transparente, como de cristal, desprovista de toda vegetación y habitada únicamente por una raza de hombrecillos blancos por delante y negros por detrás que, por lo que pudimos colegir, no necesitan alimentarse y se pasan la vida bailando.

No puedo calcular cuántos días pasamos en aquellas aguas sin sol y sin estrellas, pero recuerdo que, dos días después de volver a ver el cielo, avistamos tierra. Al dirigirnos a ella con intención de costearla por babor, como habíamos hecho hasta entonces, nos sorprendió ver que a mediodía el sol quedaba a nuestra izquierda, lo cual significaba que habíamos llegado al punto más meridional del continente, que era cierto que la costa doblaba en aquel punto, y que no nos quedaba sino seguir bordeándola hasta que el sol al amanecer nos quedara a la derecha para encontrar así la ruta de regreso hacia nuestro mundo.

133

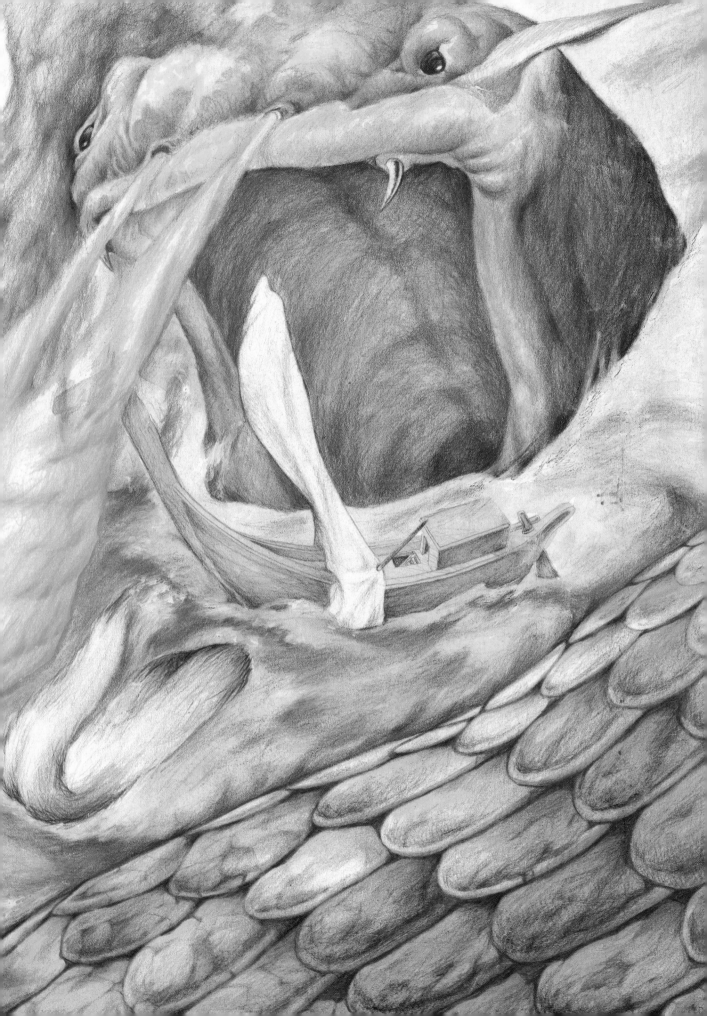

Tras tres días de ansiedad y de continuo bregar llegamos en efecto a un lugar donde pudimos comprobar que la costa quedaba a Poniente. Contentos de este descubrimiento y para celebrarlo, decidimos desembarcar y darnos un banquete a la vez que nos aprovisionábamos, cosa que hicimos en una caleta amena y bien protegida en la que desaguaba un riachuelo. Buscando frutos por los alrededores nos sorprendió mucho hallar un vallecito en el que el trigo crecía espontáneamente. Pensamos que tal vez lo cultivaran los habitantes de aquel país, pero por más que buscamos no hallamos ni rastro de viviendas ni de seres humanos, aunque uno encontró una vasija de barro rota. Todo esto nos hizo pensar que allí había habido hombres antes que nosotros y que tenían que haber llegado por mar, lo cual nos afirmó en la creencia de que nos hallábamos cerca de nuestra patria.

Sin embargo, era también un hecho que, si habíamos llegado al punto más extremo de nuestro recorrido, era evidente que el viaje de regreso tendría que ser al menos tan largo como el que hasta allí nos había llevado. Y de esto nos persuadió el ver que, día tras día, navegando tan deprisa como nuestro «caballo» lo permitía, seguíamos sin encontrar vestigio alguno de civilización, tanto en la costa como en las riberas de los ríos por los que nos adentrábamos de vez en cuando.

Terminamos diciéndonos que, mientras no tuviéramos encuentros desagradables, más valía pasar meses enteros navegando aunque no viéramos a nadie, pero no daba para tanto nuestra fortuna, pues al anochecer de un día en el que un fuerte temporal nos había obligado a mantenernos alejados de la costa por temor a ser arrastrados hacia sus escarpados acantilados, vimos a lo lejos y del lado de Levante un espectáculo que a pocos hombres les ha sido dado contemplar. Y fue que súbitamente se alzó sobre la superficie del mar una gigantesca llamarada que explotaba por todas partes haciéndose cada vez más grande y a la que siguieron una serie de fuertes detonaciones mucho más potentes que los truenos. Y de la cima de aquella llamarada llovían rocas ardiendo de las que algunas iluminaban nuestra cubierta y otras caían sobre ella taladrándola, mientras la fábrica toda de la nave crujía y se tambaleaba sobre las aguas, agitadas con extraordinaria virulencia por la fuerza de

aquel cataclismo. Pero gracias a este inusitado empuje de las aguas nos salvamos, pues, cuando ya habíamos perdido a dos hombres y gran parte del velamen, nos arrastró como en volandas y nos arrojó finalmente sobre una playa de arenas negras.

Dos lunas pasamos en aquel país, hasta que conseguimos reparar los desperfectos del «caballo» e improvisar una vela con pieles de animales que cazamos. Era aquel lugar harto agradable y sugirieron algunos que sería mejor establecerse allí que arriesgarse a perder la vida en alguno de los múltiples peligros que no dejaríamos de encontrar si volvíamos a darnos a la mar, pero teníamos los más fe en volver a ver algún día a nuestros padres e hijos, que sin duda nos daban ya por muertos, y una mañana clara nos embarcamos y reanudamos una vez más nuestro accidentado viaje.

Durante muchísimos días navegamos sin contratiempos de ninguna clase y muy deprisa gracias a un viento constante que recibíamos de popa. El único hecho notable de esta etapa fue el increíble descubrimiento que hicimos al internarnos por un río anchísimo en busca de víveres. Llegamos a un punto en que la corriente nos pareció peligrosa si continuábamos, amarramos el «caballo» a unos árboles de la ribera y, mientras unos se ocupaban de recoger frutos, fuimos otros a ver si cazábamos algo. Tras franquear la barrera de árboles que la separaba del río, llegamos a una llanura cubierta de altas hierbas y limitada en el lado opuesto por unos riscos en los que vimos unas como cabras aladas que revoloteaban entre las peñas. Antojósenos conocer el sabor de la carne de tan extraños animales y nos dirigimos hacia donde se hallaban, convencidos de que podríamos atrapar alguno con nuestra red, que era la mejor arma que teníamos.

Pero nos equivocamos, pues, en cuanto vieron que nos acercábamos, se asustaron y desaparecieron en un vuelo tras los riscos. Subimos, sin embargo hasta arriba, por ver hasta dónde huían, y cuál no sería nuestra consternación al contemplar el panorama que ante nuestros ojos se extendía: había enfrente una cadena de altas montañas que no parecía sino el colosal cuerpo tendido de una mujer, y no sólo lo parecía, sino que lo era, pues de su fecundísimo vientre y a lo largo de sus muslos salía al mundo un tropel de miles de criaturas de toda especie que llenaban el valle y se

desparramaban hacia el interior del país como un río viviente. Allí monstruosos dragones con gigantescas cabezas de avispa y miles de patas tornasoladas, allí enormes lagartos de tres cabezas coronadas de cuernos retorcidos y relucientes, allí horribles pajarracos con garras de hierro al rojo y serpientes por plumas, allí gatos transparentes más grandes que bueyes y pelos como lanzas de cristal, allí descomunales cabezas de perro unidas de dos en dos y sostenidas sólo en una pata saltadora armada de un sinfín de garfios dorados, allí ingentes cerdos azules cubiertos de viscosas ubres que arrojaban chorros de fuego y sangre por doquier, allí hormigas gigantes, sanguijuelas voladoras, arañas con ruedas, hombres unípedos, cucarachas pegajosas, ratas cubiertas de escamas, gusanos blancuzcos que explotaban en el aire...

Era aquélla sin duda la Madre Tierra pariendo sus horrores para inundar con ellos el universo. Salimos corriendo sin pensar más en la caza y, en menos que se tarda en contarlo, llegamos al «caballo», lo desatracamos en cuanto dimos cuenta a nuestros compañeros de lo que habíamos visto, y salimos al mar, por el que seguimos navegando varios días ali-mentándonos sólo de lo que pescábamos y sin atrevernos a acercarnos a tierra.

Así llegamos a un punto en el que a mediodía el sol aparecía otra vez exactamente sobre nuestras cabezas, como cuando fuimos a dar a la isla de las mujeres peludas, en lo cual reconocimos que llevábamos buen rumbo, puesto que volvíamos a un lugar del cielo bajo el que ya habíamos pasado. Hecho éste que se confirmó cuando unos días después empezamos a ver por la noche las estrellas que tan bien conocíamos: las mismas que nos guiaban en nuestras expediciones pesqueras. Ahora sí que estábamos seguros de que nos acercábamos, por un camino u otro, a nuestra tierra.

Pero no contábamos con las asechanzas del mar. Pues una noche en que vimos hogueras en la costa y decidimos esperar al amanecer para acercarnos y entrar en contacto con los habitantes, se levantó un temporal y no hubo manera de enderezar al «caballo», que, a pesar de nuestros enérgicos esfuerzos, fue salvajemente empujado mar adentro. El corazón de la tormenta nos absorbió y nos arrastró hasta hacernos perder el control de la nave, las gotas de lluvia se nos clavaban como espinas de atún, las olas raspaban con sus dientes el maderamen de la cubierta, un brazo del vendaval echó abajo el mástil y, en medio del destrozo general que sólo veíamos instantáneamente a la luz de los relámpagos, cuando ya columbrábamos nuestro fin, sentimos bajo nuestros pies un golpe tremendo, debido sin duda a que habíamos chocado contra un escollo, pues el navío se deshizo en pedazos.

Agarrado a un madero, fui zarandeado por las olas durante largo tiempo, hasta que aquellas enloquecidas aguas dieron con el madero y conmigo contra una roca, que me arrancó la piel de la pierna izquierda, pero a la que logré aferrarme como una lapa, y allí resistí los latigazos del agua hasta que, calmándose el temporal y vislumbrándose las primeras luces del amanecer, vi que me hallaba en tierra, en una islita deshabitada, como pude comprobar después. De aquella isla me sacaron al cabo de una luna unos hombres de piel aceitunada que, habiendo recalado para hacer aguada, me vieron, me llevaron a su navío y, tras darme de comer en abundancia durante tres días que duró la travesía, me llevaron a tierra firme. Así acabó aquella larga travesía que nadie había realizado antes que nosotros.

# Los primeros milagros

Como parte del Imperio Romano, Hispania se desarrolló y evolucionó dentro de las directrices políticas, económicas y culturales que se trazaban en Roma. El fundamento ideológico, o propagandístico, que daba cohesión a todo este sistema de dependencias era el culto al emperador, a su carácter semidivino, establecido ya desde Augusto, primer emperador. En todo el Imperio se erigieron templos dedicados al «genio» del emperador, que, como garante del bienestar y la prosperidad de todos, era adorado oficialmente como lo eran los tres dioses principales del panteón romano: Júpiter, Junón y Minerva. Esta divinización del poder político conllevaba naturalmente —y ése era su propósito— la lealtad incondicional del ciudadano a las instituciones del Estado, y esto sobre todo en las provincias, donde las demostraciones de lealtad eran a menudo auténticas pujas en busca de méritos.

En lo que toca a las religiones antiguas, no podía ser este régimen teocrático fuente de conflictos, pues eran casi todas politeístas, y las que no lo eran permitían que sus fieles aceptaran como ciudadanos lo que rechazaban como creyentes. Pero el cristianismo negaba rotundamente y sin compromisos la divinidad del emperador y reivindicaba además la igualdad espiritual del individuo. Para propagar esta revolucionaria doctrina se desparramaron por todo el Imperio los primeros cristianos, haciendo cada vez más adeptos y pagando con la vida lo que el Estado consideraba como actos delictivos, pues que sacudían los cimientos mismos del sistema. Con el tiempo y el concurso de otros factores acabarían con él, y el cristianismo a su vez se adueñaría finalmente del poder político, pero ya estaban lejos aquellos primeros tiempos de evangelización entusiasta, a los que pertenece la de Hispania, que, según la tradición, empezó con Santiago y con los llamados siete varones apostólicos.

En ambos casos la tradición se elabora sobre un elemento sobrenatural: el milagro, o la intervención directa de la voluntad divina en el mundo de lo real para modificarlo con un fin concreto. Esto difiere considerablemente del concepto pagano de prodigio, que, como hemos visto en páginas anteriores, era más bien la revelación a los ojos del hombre de algo desconocido pero real, existente, natural, puesto que la naturaleza, multiforme y enigmática, habitada por miles de deidades, guardaba dentro de sí el principio y el fin de todo. Esta diferencia entre el mito pagano y el mito cristiano nos indica el fin de la Antigüedad y el principio de otra época.

# El cadáver de Santiago

Por hallarse la Península en el punto más alejado del foco de expansión del cristianismo, tardaron más en llegar a ella los encargados por su fundador de predicarlo. El primero no fue Santiago, pues no sabía latín (lengua oficial de Hispania), pero los mitógrafos medievales le atribuyeron esta primicia para acentuar su predilección por España y justificar el relato de su presencia en Compostela, como si este relato no se tuviera por sí mismo:

Decapitado en Jerusalén por orden de Herodes el Grande en el año 44, Santiago el Mayor, Zebedeo, hijo del Trueno, fue puesto por dos discípulos suyos, Atanasio y Teodoro, en un gran sarcófago de piedra y llevado a orillas del Mediterráneo, donde lo arrojaron, pues había sido pescador.

Cuál no sería su sorpresa cuando vieron que, en vez de hundirse, el sarcófago flotaba. Se lanzaron al agua, nadaron hasta él, subieron encima y en seguida entendieron que eran testigos y protagonistas de un milagro: como si fuera una ligera embarcación, el sarcófago, dirigido por la mano de Dios, como dice una antigua crónica, empezó a moverse. Se acomodaron como pudieron, cogiendo uno de ellos la seccionada cabeza del apóstol en sus manos, y el improvisado bajel surcó velozmente las olas en dirección de occidente.

En un solo día atravesó el Mediterráneo, pasó el Estrecho de Gibraltar y, bordeando la costa portuguesa, llegó hasta las gallegas. Al pasar frente a la actual ría de Arosa, un caballo que estaba al borde del acantilado se asustó y arrojó a su jinete, que cayó al agua. El sarcófago se detuvo, el caballero nadó hacia él, y los dos discípulos lo ayudaron a subir, descubriendo que sus ropas estaban cubiertas de conchas. Sorprendidos de ver tan extraño atuendo, se miraban los dos, mientras el jinete trataba de explicarles que él tampoco entendía lo que había pasado. Concluyeron que aquello era una señal del cielo, que había fijado el término de su viaje, y, en efecto, así fue, pues el sarcófago se adentró por la ría y llegó hasta un monte cercano a la ciudad de Iria Flavia (hoy Padrón).

Cuando desembarcaron, se encontraron frente a un pequeño templo en el que había una estatua de Júpiter. La hicieron añicos y decidieron colocar dentro el cuerpo del após-tol. Pero, cuando se disponían a ello, llegaron unos hombres armados y su dueña, que lo era también del monte, una señora riquísima de nombre Luparia, y, siguiendo sus órdenes, los prendieron y los encarcelaron. Pero un ángel se les apareció por la noche, los liberó y volvieron adonde habían dejado el sarcófago. Lo que no sabían era que allí había una guardia, que en seguida los detuvo y los volvió a llevar a Luparia.

Esta vez aquella perversa mujer ordenó que los llevaran al Monte Ilicino, un siniestro encinar tierra adentro donde pululaban cientos de toros bravos y reinaba un dragón. Sin embargo, Atanasio y Teodoro no recibieron ningún daño. El dragón huyó al verlos y los toros se volvieron mansos. Llamaron al lugar Monte Sacro, que así se llama desde entonces, y decidieron erigir allí la tumba del apóstol.

Fueron adonde lo habían dejado y en el camino encontraron a Luparia, que, enterada de lo que había sucedido y convencida de que aquellos hombres eran santos, deseaba manifestarles su arrepentimiento por lo que les había hecho. Ellos le contaron la razón de su viaje y el propósito que tenían de enterrar al apóstol en el Monte Ilicino, y ella dijo que estaba deseosa de abrazar su fe y les ofreció su hacienda para propagarla.

Se uncieron varios de aquellos toros que poco antes eran terribles fieras, y arrastraron el sarcófago hacia el emplazamiento elegido, según puede verse en uno de los numerosos frescos sobre la vida y milagros de Santiago que se conservan en la iglesia de San Antonio en Padua. Se construyó un suntuoso sepulcro de mármol y en él fue depositado el cuerpo y la cabeza del apóstol. Años después, cuando Atanasio y Teodoro murieron, fueron enterrados con él, uno a cada lado.

Luego, con el tiempo y las guerras, se perdió toda memoria del sepulcro y de Santiago. Pero ocho siglos después, en el año 813, el obispo Edelmiro tuvo una visión, siguió a una estrella que vio en el cielo, ordenó cavar en el campo sobre 'el que se detuvo (que llamó *campus stellae*, «Compostela»), y así descubrió el sepulcro del apóstol, que a partir de entonces empezó a hacer milagros, el primero de ellos en la batalla de Clavijo, en el año 834, cuando, tras avisar en sueños al rey Ramiro I, apareció en el campo de batalla sobre un caballo blanco y derrotó a los moros.

# Los siete varones apostólicos

El primer evangelizador de Hispania fue San Pablo, que en una de sus cartas expresa su intención de viajar a ella y que realiza ese deseo uno o dos años antes de su muerte en Roma en el año 66. Sin embargo, debió de ser el suyo un viaje breve, quizá sólo de tanteo, pues no se conocen detalles particulares de él. Lo que sí se sabe es que, vuelto a Roma, se reunió San Pablo con San Pedro y decidieron enviar a la Península a un grupo de hombres de su confianza para que la convirtieran a la fe de Cristo. Los ordenaron obispos y, poco después, Cecilio, Eufrasio, Hesiquio, Indalecio, Segundo, Tesifonte y Torcuato, que así se llamaban aquellos santos varones, se embarcaban en una nave mercante que salía del puerto de Ostia para Carthago Nova.

Al cabo de siete días desembarcaron, tomaron posada cerca del puerto y, cuando iban a distribuirse por la ciudad, se enteraron por el posadero, que era en realidad un ángel, de que se encontraban en una provincia administrada directamente por hombres del emperador (como en verdad lo era la Tarraconense), lo cual suponía el riesgo de molestias por parte de funcionarios excesivamente celosos de su deber hacia Nerón, el emperador que dos años antes había acusado a los cristianos del incendio de Roma. Decidieron, pues, evitar este riesgo y pasar a la Bética, provincia que dependía del Senado romano y donde encontrarían quizá menos obstáculos para realizar su misión.

Tomaron, pues, la calzada que iba a Corduba (Córdoba) y a Hispalis (Sevilla), y al cabo de varias jornadas divisaban ya la primera ciudad importante de la Bética, Acci (Guadix). Pero no quisieron entrar en ella, pues un caminante que encontraron les dijo que no se perdieran los festejos y sacrificios que aquel día se celebraban. Estaba en efecto toda la población en fiestas por ser el 15 de mayo, la de los comerciantes, que, muy numerosos en la ciudad, invitaban a todo el mundo a participar en los grandes sacrificios que ofrecían en honor de Mercurio, dios patrono de su gremio, y de Júpiter, padre de todos los dioses.

Los siete varones se quedaron en una arboleda desde la que se dominaba la ciudad, al otro lado del río, y enviaron a sus criados a comprar comida, advirtiéndoles que evitaran los festejos y volvieran en seguida con lo que les ordenaban. Descendieron los discípulos hasta el puente, lo atravesaron y entraron en la ciudad. Cuando preguntaron dónde podían comprar pan, les indicaron la plaza del mercado y a ella, llena de gente, llegaron. Pero no les vendieron pan: se lo regalaron. Y les invitaron a tomar carne si esperaban a que acabara el sacrificio que comenzaba.

Ante el templo, en efecto, dos mercaderes elegidos por sus compañeros de profesión estaban rociándose con agua de laurel y, en una larga oración, rogaban a Mercurio que les fuera favorable y perdonara las mentiras y falsos juramentos que el desempeño de sus tareas profesionales les hubiera llevado a pronunciar. Luego inmolaron a una cerda preñada y a un ternero y, tras hacer ofrenda a los dioses, empezaron a distribuir el resto. Los discípulos de los siete varones dijeron a quienes les invitaban que no querían de aquella carne. Los otros creyeron que era una broma, pero, cuando escucharon otra vez su negativa, empezaron a gritar injurias, fue corriéndose la voz entre la multitud y, al cabo, los discípulos cristianos corrían despavoridos hacia el puente con cientos de accianos ofendidos que corrían y gritaban detrás.

Desde la arboleda vieron los siete varones la escena y, arrodillándose en círculo y levantando los brazos al cielo, le pidieron ayuda. De pronto, cuando los criados acababan de pasar el puente e iban a entrar en él sus perseguidores, se derrumbó. Quedaron aterrados los adoradores de Mercurio, y una dama llamada —curiosa coincidencia— como la convertida por los discípulos de Santiago, es decir, Luparia, que era esposa del mercader más rico de la ciudad y muy piadosa, mandó a un criado que atravesara el río y se informara de quiénes eran aquellos hombres y los que en la arboleda estaban.

Viendo que la mano divina los protegía, volvieron con él los siete varones con sus criados e inmediatamente predicaron su doctrina en la misma plaza donde momentos antes se adoraba a Júpiter y a Mercurio. Luparia se convirtió al instante, henchido como estaba su pecho del espíritu de la verdad, y dio dinero para construir un templo, el primer templo cristiano de la Península. Tras ella, el resto de sus conciudadanos adoptó la nueva fe.

Luego los siete varones se dispersaron para continuar su apostolado: Torcuato se quedó, por ser ya anciano, en Acci, Cecilio fue a Iliberris (cerca de Granada), Eufrasio a Iliturgi (Andújar, en Jaén), Hesiquio a Carcesa (Cárchel, en Jaén), Indalecio a Urci (Almería), Se-gundo a Abula (Abla, cerca de Guadix), y Tesifonte a Vergi (Berja, en Almería). Gracias a los esfuerzos iniciales de estos siete hombres, tres siglos después y tras muchas persecuciones y martirios, prácticamente toda Hispania era cristiana. La Edad Antigua tocaba a su fin.

## Símbolos en los mitos y leyendas hispánicos

Pág. 11. MITOS, HÉROES, MONSTRUOS...—Del espíritu ardiente de lo mítico, eterno y monstruoso, surge el héroe, que debe morir para serlo, para eternizar su brillo en la noche del tiempo. En Iberia el héroe se hizo con armas: escudos, lanza, espada, bajo el sagrado símbolo del toro —bravura y reciedumbre— y frente a pueblos llegados por el mar, que vinieron a llevar, pero trajeron. A ellos se unieron, cuando se unieron, los pueblos iberos, como se adhiere la yedra, símbolo de fidelidad.

Pág. 13. GRITÓN.—De las manos del padre sol nace el globo terrestre, del mar surge la tierra, y de ella el eterno Guadalquivir, que forma las tres islas de Tartesos, las tres cabezas de Gritón, hijo del divino Espadoro. Gritón hace de su reino un paraíso donde prospera el olivo, brilla el fruto de la vid, pastan vacas de plata y vibran al aire los asfódelos. Pero del otro lado del mar llega Hércules, con sus flechas y piel de león, y se interpone entre el rey y su reino.

Pág. 20. LA ATLÁNTIDA.—Bajo unos motivos ornamentales evocadores de la perfección y armonía griegas, la mente del divino Platón sueña la ciudad perfecta, circular, protegida por sus anillos y por la sangre mágica del toro, emblema de fuerza y estabilidad, y la sitúa en los confines del mundo, cerca de la morada de los dioses, donde empieza la noche. Sobre el pilar de oricalco del templo de Posidón se lee, en lengua tartesa, la maldición del dios contra los transgresores de la ley, maldición que cae finalmente sobre la Atlántida, destruyéndola con sus ciclópeos murallones, su historia y su cultura.

Pág. 27. GÁRGORIS Y HABIS.—Bajo un friso que evoca el parentesco de la historia de Habis con otras similares de la cultura mediterránea, y sobre algunos objetos de arte de la civilización ibera: un jarro y una bandeja de bronce, un grifo (monstruo mitad águila, mitad león), una lanza y unas flores, se componen los elementos del mito: la hija de Gárgoris mira curiosa o celosa a la cierva del asa del jarro, que contiene como elementos decorativos las placas de oro afiligranado de la corona de Gárgoris y la imagen de la abeja que provoca el incesto.

Pág. 36. LOS ÚLTIMOS REYES DE TARTESOS.—Al brazalete de plata, símbolo de la autoridad de los reyes de Tartesos, lo envuelven las llamas que envía el poderoso dios fenicio Reshef. Acabarán consumiéndolo a pesar de la tenaz intervención de la abuela de Argantonio, representada en atavío nupcial como el de la célebre joven ibérica conocida como la Dama de Elche, y los navíos fenicios dominarán todos los mares que fueron de Tartesos.

Pág. 45. CONTRA CARTAGO.—Sobre el árbol en el que murió Tagus brilla ensangrentado el puñal de su fiel vengador y aparecen los instrumentos de tortura con que los cartagineses le dieron muerte. La sangre enemiga mancha el tan ambicionado oro ibérico, que los ilicitanos purificaron con fuego. Todo bajo la mirada lánguida del toro, símbolo de Helmántica y sus defensores.

Pág. 64. CIUDADES HEROICAS.—Sobre el fondo de muralla, única protección de las ciudades de la Península ante los ejércitos cartagineses y las legiones romanas, dos bronces ibéricos: una moneda que representa la paz, una paz imposible, y un aplique ornamental con un caballo, suprema riqueza del guerrero ibero. Detrás, un escudo y una panoplia de armas arrojadizas: lanza, falárica y jabalina.

Pág. 87. CONTRA ROMA.—Las insignias y estandartes de las legiones romanas con sus emblemas, coronas y águilas, se elevan sobre el cadáver de un guerrero ibérico proclamando que Hispania es una provincia romana. Pero, en el fondo, flota la imagen viva de uno de aquellos hombres anónimos que, como los cántabros, nunca se rindieron, ni murieron, ni aceptaron los nuevos usos de la cultura conquistadora.

Pág. 113. SERES EXTRAORDINARIOS.—El océano es la inmensa y desconocida morada de los seres fabulosos. En sus profundidades se aferran las garras del gigantesco árbol marino, que se eleva hasta el cielo y da millones de frutos que son ojos vivos. Enlazados por la cola, el tritón y la nereida se esconden para gozar de su amor en la espiral de una enorme caracola, símbolo de la eternidad. Un monstruo para ellos desconocido (en realidad un barco de pesca) se acerca a perturbar su felicidad.

Pág. 127. VIAJE ALREDEDOR DE ÁFRICA.—En una noche larga, marcada por la monótona alternancia del sol y la luna, se inscribe el itinerario de la primera circunnavegación de Africa de oeste a este, epopeya que realizaron unos pescadores gaditanos a bordo de un «caballo», navío ligero con la proa en forma de cabeza de dicho animal. Las estatuillas evocan su encuentro con una tribu de pigmeos en lo que es hoy la costa de Guinea.

Pág. 140. LOS PRIMEROS MILAGROS.—Encima del símbolo pagano de la renovación (la serpiente que cambia de camisa restregándose contra las hierbas, según aparece en una pintura de Pompeya), se eleva un altar cristiano con los emblemáticos peces que identificaban a los primeros cristianos. Sobre él, la piadosa cabeza de Santiago el Mayor, decapitado en Jerusalén por su fidelidad a la cruz, con el galardón de la corona del martirio.

## Autores consultados

Adón, *Martirologio*, 15 mayo, 1.
Anónimo, *Libro de Santiago* III (Traslación).
Apiano, *Iberia* 5, 8, 12, 45/100.
Ateneo, *El banquete de los sofistas* VII 302 e.
Avieno, *Rotero marítimo* 261/264.
*Biblia: 1 Reyes* 10,22; *2 Crónicas* 9,21; 20,36; *Jeremías* 10,9; *Ezequiel* 27,12; 38,13; *Ep. Romanos* 15,24; 15,28.
Diodoro Sículo, *Biblioteca* V 18, V 32.3, V 34.3/4, XXXIII 7.5, XXXIII 21.
Dión Casio, *Historia de Roma* XXII fragm. 73, LIV 5.1, LIV 11.2.
Estrabón, *Geografía* II 3.4, III 1.5, III 2.11, III 3.6/7, III 4.18, III 5.1, III 5.4.
Floro, *Epítome* I 33/34, II 33.
Focio, *Biblioteca* 166 (109 b).
Frontino, J., *Tratado de agrimensura* 1/2.
Heródoto, *Historia* IV 42.
Hesíodo, *Teogonía* 274/294.
Macrobio, *Saturnales* I 20.12.
Mela, P., *Corografía* III 93, III 102.
Orosio, *Historias* V 4.1/6, V 4.19/21, V 7, VI 21.4/8.
Ovidio, *Fastos* VI 671/690.
Pausanias, *Itinerario de Grecia* IX 21.1.
Platón, *Critias* 108 e/fin, *Timeo* 24 e/25 d.
Plinio el Viejo, *Historia natural* II 168, VI 198/205, VII 35, VII 156, VIII 166, IX 8/11, IX 92/93.
Plutarco, *Sertorio, Moralia* 248 e.
Polibio, *Historia universal* II 1.1, II 2.13, III 1.14/15, III 1.17, X 2.7/18, XI 5.32/33.
Salustio, *Historias* III 86, III 87.
Silio Itálico, *Púnica* I 144/181, III 24/31, III 420/440.
Tácito, *Anales* IV 45.
Tito Livio, *Historia de Roma* XXI 2/15, XXVII 17, XXVIII 22/34, XXIX 1/3, LII.
Trogo Pompeyo (Justino), *Historias filípicas* 44.4.
Valerio Máximo, *Hechos memorables* VII 6, ext. 3.
Virgilio, *Geórgicas* IV 1/230.

# Indice analítico

Abla (Almería), *véase* Abula
Abula 145
Acci 144, 145
Afortunadas, Islas 12, 128
Africa 16, 36, 37, 45, 98, 127
Agripa 105, 108
Akra Leuke 46, 47
Alcón 67
Algeciras 119
Almería 109, 145; *véase también* Urci
Alorco 70
Amílcar Barca 46-49
Andalucía 13, 20, 27
Andújar (Jaén), *véase* Iliturgi
Aníbal 57-70, 88
Anteo 98
Apiano 93, 97
Apicultura, invención de la 27
Aquitania, mar de 105
Aracelio 105
Arbacala 57, 61
Archínclito 21
Argantonio 37, 41-45
Ariete (máquina de guerra) 65
Arosa, ría de 141
Asdrúbal 46, 52-57
Asdrúbal Barca 88, 89
Astapa 65, 70-74, 81, 89
Astreo 115
Atanasio 141
Atlantes 21, 26, 37
Atlántico, océano 21, 26, 32, 36, 37, 113, 122
Atlántida 12, 20-26, 36, 123
Atlas, reino 21
Audax 97
Augusto 87, 105, 108, 140
Aurora, La 115
Aurora, perra 17
Avaro 79

Babilonia 45
Baecula 89
Bailén (Jaén), *véase* Baecula
Balista (máquina de guerra) 65
Banón 60, 62, 63
Bébrix 20
Benidorm 13
Bérgida 104, 108
Beribraces, reino de los 20

Berja (Almería), *véase* Vergi
Bética 87, 144
*Biblia,* La 36
Biendotado 21
Bienquisto 20
Brasil 127
Briareo 16
Briareo, columnas de 15, 16; *véase también* Hércules, columnas de

Caballos celtibéricos 115-118
Cabrerizos (Salamanca) 63
Cáceres 57
Cádiz 17, 21, 26, 46, 115, 119, 127; *véase también* Gadeira, Gades y Gadir
Calagurris 65, 81-86, 101
Calahorra (Logroño), *véase* Calagurris
Calirroe, *véase* Fuentermosa
Calpurnio Pisón, Lucio 109
Canarias, islas 36
Cántabros 104-108
Carcesa 145
Cárchel (Jaén), *véase* Carcesa
Cartagena 98; *véase también* Carthago Nova
Cartagineses 45-70, 87-92
Cartago 41, 45-47, 64, 75
Carteia 113, 119
Carthago Nova 46, 88, 89, 144
Casitérides, islas 36
Cástulo 46
Cataluña 20
Catapulta (máquina de guerra) 65
Cauca 75
Cazlona (Jaén), *véase* Cástulo
Cecilio, obispo 144, 145
Céfiro, *véase* Favonio
Central, sistema 57
Cepión 97
Cerdeña 20, 45
Cid, el 11
Cidacos, río 81
Clavijo, batalla de 141
Clito, *véase* Famosina
Consiliario 21
Córcega 45
Córdoba, *véase* Corduba

Corduba 144
Corrida de toros, origen de la 25
Corrientes, Diego 70
Crisaor, *véase* Espadoro
Cristianismo 140-145
Cunetes 27
Custodito 17

Despeñaperros, paso de 52
Diana 99
Diligencio 21
Diodoro de Sicilia 96
Ditalcón 97
Duero, valle del 75
Duero, río 75, 78

Ebro, río 46, 81, 86, 88, 89, 100, 104
Edelmiro, obispo 141
Egipto 26
Elche, *véase* Ilici
Elche, canal de 48
Eriteia, *véase* Rubicunda
Escandinavia 127
Escipión, Cneo Cornelio 88
Escipión, Publio Cornelio 70, 88
Escipión el Africano, Publio Cornelio 88-92
Escipión Emiliano, Publio Cornelio 75-80, 85
Espadoro 13-15
Estepa (Sevilla), *véase* Astapa
Estrabón 12
Eudoxo 127
Eufrasio, obispo 144, 145
Evenor, *véase* Bienquisto

Falárica (arma) 67
Famosina 20, 24
Favonio 115-118
Fenicios 36-45
Ferocio 37-41
Francia 20
Fuentermosa 13, 14, 17

Gadeira, isla de 17, 21; *véase también* Cádiz
Gades 37, 127-129, 133; *véase también* Cádiz
Gadir 36, 37, 40, 41, 127; *véase también* Cádiz
Gadiro 21
Galba 93-96
Galicia 104, 115
Gama, Vasco de 127
Gárgoris 12, 27-33, 36
*Garum* 119

Gaucín (Málaga) 96
Gerión, *véase* Gritón
Gibraltar, estrecho de 122, 141; *véase también* Briareo, columnas de
Gibraltar, peñón de 16
Grecia 20, 37
Griegos 44, 45
Gritón 11-17, 20, 21, 27, 36, 98
Guadalquivir, río 13, 26, 27, 40, 44, 88; *véase también* Tartesos, río
Guadiana, río 27, 32
Guadix (Granada) 145; *véase* Acci
Guinea, costa de 127

Habis 12, 27-33, 36
Hannón 127
Helmántica 57-63
Hércules 12, 16, 17, 20, 98
Hércules, columnas de 16, 21, 132; *véase también* Briareo, columnas de
Hermes 20, 26
Herodes el Grande 141
Hesiquio, obispo 144, 145
Hespérides, país de las 12
Hidra 16
Hispalis 144
Hispania Ulterior 93
Hostilio Mancino, Gayo 75
Huesca, *véase* Osca

Ibiza 98
Ilerda 88
Ilérgetes 88-93
Iliberris 145
Ilici 46-49
Ilicitanos 47-49
Iliturgi 145
Indalecio, obispo 144, 145
Indíbil 87-93
Inglaterra 36, 127
Iria Flavia 141
Italia 20, 26, 37, 45, 87, 89, 92, 98

Jerusalén 141
Jinetín 21
Junón 140
Júpiter 140, 141, 144

Lérida, *véase* Ilerda
Leucipa, *véase* Trotiblanca
Líbano 36, 37
Lisboa, *véase* Olisipo
Lúculo, Lucio Licinio 75, 122
Luparia 141, 144

Lusitania 87, 93
Lusitanos 93-97
Lutia 78

Madre Tierra 137; *véase también* Tierra
Maharbal 67
Mainake 44, 45
Málaga 44
Mandonio 87-93
Mantelete (máquina de guerra) 65
Mañosillo 21
Mar, El 13
Marcio 70, 71
Martos (Jaén), *véase* Tucci
Masinissa 88
Mediterráneo, mar 13, 16, 20, 26, 36, 37, 45, 46, 114, 115, 141
Medulio, monte 108
Medusa, gorgona 13
Melkart 40, 41
Mercurio 144
Merdancho, río 75
Meseta, La 52
Metelo, Quinto Cecilio 100, 101
Minerva 140
Minuro 97
Miño, río 108
Monte Ilicino 141
Monte Sacro 141
Moreno, J. L. 11

Nabucodonosor 45
Nao, cabo de la 46
Nekao II 127
Neolítico 12
Nerón 144
Nictálopes 114, 115
Nora 20
Nórax 20, 26
Numancia 12, 65, 75-81, 85, 86

Olisipo 126
Oporto 109
Oriundo 21
Osca 100
Ostia, puerto de 144
Ovejero, *véase* Gadiro

Pablo, san 144
Padrón (La Coruña), *véase* Iria Flavia
Pacífico, océano 113
Palencia 57
Pausanias 113
Pavos Reales, isla de los 13
*Pax Romana* 12
Pedro, san 144
Pegaso 13
Perpenna 100, 101
Perseo 12, 13
Pigmalión, rey 40
Pirene 20
Pirineos 20, 98
Platón 21
Plinio el Viejo 70, 113, 122, 126, 127
Pompeyo el Grande 81-86, 101
Portugal 27
Posidón 20, 21, 24-26
Púnica, Primera Guerra 45
Púnica, Segunda Guerra 64, 88

Quijote, don 11

Ramiro I, rey 141
Reshef 41
Resiste 20, 21, 25
Retógenes 78
Rojo, mar 127
Roma 46, 64, 67, 75, 80, 81, 87-89, 93, 97, 98, 104, 119, 140, 144

Romanos 45, 46, 64, 65, 70-112, 140
Rómulo 97
Ronda, sierra de 96
Rubicunda 20

Sagunto 12, 46, 63-70, 81
Sahariana, costa 127
Salamanca 57, 61; *véase también* Helmántica
Salustio 86
Sanctipetri 26, 40
Santiago el Mayor 140, 141, 144
Santiago de Compostela 141
Santo Domingo, arroyo 60
Sataspés 127
Segovia 57
Segundo, obispo 144, 145
Segura, río 47
Senado romano 67, 75, 88, 97, 101, 144
Sertorio, Quinto 12, 81, 85, 87, 98-101
Serviliano 96, 97
Sevilla, *véase* Hispalis
Sicilia 45
Sierra Morena 46
Silio Itálico 52
Sol, El 12
Somalia 127
Spano 99

Tagus, reino 52-57
Tagus, rey 52-57, 88
Tagus, río 52
Tajo, río 46, 52, 57
Tánger, *véase* Tingis
Tarraco 84, 88, 92, 109
Tarraconense 87, 109, 144
Tarragona, *véase* Tarraco
Tarsis 36; *véase también* Tartesos
Tartesos 12, 13, 16, 17, 20, 21, 27, 33, 36-45

Tartesos, río 13, 16; *véase también* Guadalquivir
*Tempranillo*, José María Hinojosa, El 70
Teodoro 141
Termes 109-112
Terón, *véase* Ferocio
Tesifonte, obispo 144, 145
Tiberio 87, 113, 123
Tierra, La 13; *véase también* Madre Tierra
Tingis 98
Tiro 45
Tito Livio 65, 70, 74
Toledo 57
Torcuato, obispo 144, 145
Tormes, río 57, 62
Toro (Zamora), *véase* Arbacala
Toros, *véase* Corrida de
Torre (máquina de guerra) 65
Tribola 96
Trogo Pompeyo 12, 27
Trotiblanca 20
Tucci 96

Urci 145

Vacceos 57-63
Valencia 20
Vasconia 104
Venus 28
Vergi 145
Vetilio 96
Vettones 57
Viento del Oeste, *véase* Favonio
Vinalopó, río 47, 49
Vindio, monte 105
Viriato 11, 12, 87, 93-98

Zama, batalla de 88
Zeus 17